지知의 관객 만들기

GENRON SENKI "CHI NO KANKYAKU" O TSUKURU by Hiroki Azuma
(ゲンロン戦記―「知の観客」をつくる)
Copyright © 2020 Hiroki Azuma
Korean Translation Copyright © 2025 by Memento Publishing Co.
All rights reserved.
First published in Japan in 2020 by CHUOKORON-SHINSHA, INC.
This Korean edition is published by arrangement with CHUOKORON-SHINSHA, INC.,
Tokyo in care of Tuttle-Mori Agency, Inc., Tokyo, through Duran Kim Agency, Seoul.

이 책의 한국어판 저작권은 듀란킴 에이전시를 통한 CHUOKORON-SHINSHA, INC.-Tuttle-Mori Agency, Inc.와 독점 계약을 맺은 메멘토에 있습니다. 저작권법에 따라
한국 내에서 보호받는 저작물이므로 무단전재와 복제를 금합니다.

어느 철학자의
경영 분투기

지_知의
관객 만들기

아즈마 히로키 지음
지비원 옮김

메멘토

들어가며

나는 1971년생 비평가다. 1990년대에 비평가로 문단에 처음 나와 2000년대에는 매체에 제법 많이 등장했다. 이 책을 손에 든 독자 중에는 그 무렵의 나를 기억하는 분이 많을 것 같다. 하지만 나는 그 뒤 매체와 거리를 두고 도쿄 한구석에 틀어박혀 작은 회사를 경영한다는 뜻을 세웠다. 이 회사의 이름이 '겐론(ゲンロン, 言論)'이다.

2010년에 문을 연 겐론이 2020년에 10년을 맞이해, 내가 이 책에서 그 10년의 발자취를 돌이켜 본다. 하지만 비평서도, 철학서도 아닌 이 책에서 이야기하는 것은 자금이 다 떨어졌다든가 직원이 도망갔다든가 하는, 평범하기 그지없는 어수선함이다. 여기에서 얻을 수 있는 교훈도 무척 평범하다.

겐론은 관련된 회사를 포함해도 연매출이 3억 엔에 미치지 못하는 작은 회사다. 급성장이 기대되지 않으며 사회에 공헌해 오지도 않았다. 이런 회사의 분투기에 무슨 공공성이 있는지 몇 번이고 편집부에 물어봤는데, 이런 평범함이 매력적이라는 말에 설득당해 출판에 이르렀다. 이게 옳은 일이었는지는 독자들의 판단을 받을 수밖에 없다.

겐론의 10년은 내 40대와 겹친다. 그리고 이 10년은 과오의 연속이었다. 겐론이 지금 존재하는 건 거의 기적이다. 이 책에는 여러 과오가 기록되어 있다. 어떻게든 회사를 10년 동안 이어 오며 성장시킨 것은 훌륭한 일이라고 나를 평가해 주는 사람은 이 책을 읽고 실망할지도 모른다. 이 책에 등장하는 나는 정말로 어리석다. 사람은 마흔 살이 넘어도 이렇게까지 어리석으며 실수를 거듭한다. 이런 사실이 적지 않은 사람들에게 희망을 준다면 내가 부끄러움을 무릅쓴 데도 다소 의미가 있을 것이다.

이 책은 구술로 이루어졌다. 논픽션 작가인 이시도 사토루(石戶諭) 씨가 다섯 차례에 걸쳐 인터뷰를 하고 정리한 데다 내가 글을 보태 완성했다. 이시도 씨의 노고에 감사드리고 싶다.

아즈마 히로키

차례

들어가며…4
겐론 소개…11

──────────────────────── **1장·시작**

전사…15
2010년대의 '싸움'에 대한 기록 / 인터넷의 꿈이 말한 2000년대 /
얼터너티브와 만나다 / '젊은 논객'들과 멀어지다 / 진짜 인생은 따로 있다 /
경영하는 철학자

창업…29
나카메구로의 창업 모임 / 베스트셀러가 된 『사상지도β』 창간호 /
몰려오는 먹구름 / 예금 유용 사건이 터지다 / 첫 업무는 돈 돌려받기 /
안이함의 구조

──────────────────────── **2장·좌절**

방침 전환…41
자, 다시 시작한다고 생각했을 때 / 머리와 몸이 따로 놀다

대지진 ··· 45
물리적인 제염과 인문적인 제염 / '매출의 1/3'을 기부해 버리다 /
방만한 경영에 빠지다 / 상업적 실패, 한 방 역전의 꿈이 깨지다 /
30대에 대한 깊은 반성

경영 위기 ··· 56
빚을 떠안고 자금이 바닥나다 / 경영자의 비애

부도의 발소리 ··· 59
실패의 터널이 이어지다 / 3,000만 엔가량 추산이 어긋나다 /
중소기업을 경영한 할아버지 / 장사의 신마저 눈물을 /
영수증 입력만 계속하는데 / '경영의 신체'가 탄생하다

3장 · 사람이 모이는 곳

뜻밖의 구세주 ··· 75
겐론카페의 탄생 비화 / 토크가 길어진다는 수수께끼 / '오배송'이 넘쳐 나다 /
좋아하는 것을 마음껏 이야기하는 곳

겐론카페 ··· 85
니코니코동영상이라는 파트너 / 가격이 뜻밖의 성공 요소 / '사고(事故)'의 공간 /
밑바닥에서 탈출하다 / 시청자가 1000명 넘는 행사 /
'생각한다'는 행위가 넘쳐흐르다 / 인기 있는 행사에 공통된 '열기'

겐론스쿨 ··· 103
'신예술교'와 '비평 재생 학원'의 개강 / 유미사시 간지가 그린 악과 죽음 /
스쿨의 가치는 교실 밖에 있다 / '관객'도 문화를 만든다 /
오모리 노조미 씨의 사랑과 정열 / 프로페셔널과 관객 / 데리다 철학의 실천

4장 · 친구도 아니고 적도 아닌

체르노빌…123
'관광객'의 철학이 싹트다 / 우에다 요코 씨와 만나다 / 8인의 체르노빌 취재 여행

관광객…132
다크 투어리즘 / 부흥 가능성 / 관광객의 접근 방식과 히로카와 류이치의 접근 방식 / 취재 시 우연이 불러온 발견 / 관광은 기대를 배신한다 / 소크라테스는 '말' 때문에 살해당했다

후쿠시마…145
가이누마 히로시 씨와 주고받은 서간 / 책장을 만들 것인가, 만들지 않을 것인가 / 고마쓰 리켄 씨의 '하마도리 통신'

5장 · 재출발

성장기…157
겐론을 접어 버리자 / 사상지 『겐론』 창간, 비평의 원점 / 또 다른 겐론이 가능했을지도 모른다 / 환상의 구상이 깨지다

거침없는 진격…165
『겐론 4』의 영향력 / '아(亞)인텔리'가 뒷받침하다 / 『겐론 0 관광객의 철학』이 거둔 쾌거 / 인디펜던트 인스티튜트 / 성공의 한 걸음 앞은 어둠

해산 위기…179
젊은 엔지니어의 등장과 다시 찾아온 실패 / 오른팔이 되고 싶습니다 / 분파 활동이 일어나다 / 정신이 서서히 무너지고 마음이 꺾이다 / 다시 태어나는 겐론 / 무의식적인 욕망 / '나 같지 않은 사람'과 함께 해 나간다는 의미 / 호모소셜과 결별하다

6장 • 새로운 계몽으로

코로나 이데올로기…201
'오배송'은 감염증 대책의 적 / 온라인이 대체할 수 없는 경험

새로운 플랫폼…206
'시라스'의 사상 / 메타겐론카페 / 아이치 트리엔날레 소동을 겪으며 /
큰 규모는 필요 없다 / '자본의 축적'이 사회와 문화를 무너뜨린다

겐론의 미래…217
관객과 신자의 차이 / 화폐와 상품의 등가교환 / 후세에 참조할 시대의 증언 /
아시아의 네트워크 / 계몽이라는 친밀하고 위험한 의사소통 / 철학의 산실

나오며…228

겐론의 발자취…235

인터뷰(아즈마 히로키x지비원)…247

추천사(신우승, 전기가오리 대표)…256

겐론은 2010년 4월에 처음 문을 연 작은 회사로 2020년에 10주년을 맞았습니다.

겐론은 학회나 인문계의 상식에 사로잡히지 않는, 영역의 경계를 넘나드는 '지(知)의 플랫폼' 구축을 목표로 삼고 있습니다. 사상지 『겐론(ゲンロン)』과 단행본 시리즈 '겐론총서'를 펴내면서 도쿄 고탄다에 있는 '겐론카페'의 이벤트를 기획하고 체르노빌로 떠나는 '다크 투어리즘', 시민 강좌 '겐론스쿨', 동영상 공유 플랫폼 '시라스' 등을 운영합니다.

겐론은 미래의 출판과 계몽은 '지(知)의 관객'을 만드는 것이라고 생각합니다. 모든 문화가 관객 없이는 존재할 수 없습니다. 훌륭한 관객 없이는 커 나갈 수도 없습니다. 권력과 반권력, '친구'와 '적'을 가르는 이분법을 해체하고 관객이 자유롭게 모이거나 생각할 수 있는 장이 필요합니다.

철학(필로소피)은 원래 고대 그리스어에서 지(소피아)를 사랑한다(필로)는 뜻입니다. '철학의 기원으로 돌아가 지를 다시금 사랑받는 것으로 바꾼다.' 이것이 겐론의 사명(使命)입니다.

1장
시작

2장
좌절

3장
사람이 모이는 곳

4장
친구도 아니고 적도 아닌

5장
재출발

6장
새로운 계몽으로

전사 前史

2010년대의 '싸움'에 대한 기록

왜 겐론이라는 회사를 설립했는가? 이는 시대와 무관하지 않았습니다. 당시 상황부터 대략적으로 돌아보지요.

주식회사 겐론은 2010년 4월에 창업했습니다. 그래서 겐론의 10년에 2010년대가 그대로 겹쳐집니다. 이 시기에는 사회관계망서비스Social Network Service, SNS가 사회에 큰 영향력을 발휘하게 됐습니다. SNS의 10년이라고도 할 수 있습니다. 일본에서는 특히 트위터Twitter*의 영향력이 강합니다.

미국에서 2006년에 창업한 트위터가 일본어 서비스

- 2023년 7월부터 '엑스X'로 바뀌었으나 이 책에서는 출간 당시 이름을 쓴다.(* 이 책의 각주는 모두 옮긴이 주다.—편집자)

를 2008년에 시작했습니다. 2004년에 창업한 페이스북의 일본어 서비스도 2008년부터입니다. 하지만 SNS가 폭발적으로 보급된 때는 2010년대입니다.

일본에서 2010년대의 시작을 알린 상징적인 사건이 2011년 3월 11일에 일어난 동일본대지진과 도쿄전력 후쿠시마 제1원자력발전소 폭발입니다. 이것이 SNS 보급의 원동력이 되었습니다. 트위터가 지진을 계기로 단숨에 보급되었다고 알려져 있습니다. 이에 따라 정치의 풍경도 바뀌었습니다. 지진 후에는 원전 재가동에 반대하는 총리 관저 앞 집회가 일어났고, 2010년대 후반에는 실즈SEALDs*처럼 새로운 집회의 형식이 탄생했습니다. 이들이 SNS 없이는 존재하지 않았을 테지요.

세계적으로는 2010년 말부터 11년에 걸쳐 이른바 '아랍의 봄'**이 일어났는데, 여기에서도 SNS가 큰 구실을 했습니다. 다른 한편으로 SNS는 여러 나라에서 사람들을 둘로 갈라놓기도 했습니다. 2010년대 후반에는 영국에서 국민투표

- 자유민주주의를 위한 학생 긴급 행동(Students Emergency Action for Liberal Democracy-s). 기존 집회의 문법을 넘어 랩 공연 같은 집회를 하거나 SNS를 적극적으로 활용하는 등 젊은 세대의 새로운 정치 참여 유형으로 관심을 모았다.
- ●● 2010년 말 튀니지에서 시작해 이집트를 비롯한 북아프리카와 서아시아로 확산한 반정부 시위. 튀니지, 이집트, 리비아 등에서는 이 때문에 장기 집권 체제가 무너지기도 했다.

로 유럽연합 탈퇴를 결정했고(2016년), 미국에서는 트럼프 정권이 탄생하는(2017년) 등 시민이 갈라진 상황을 크게 느끼게 하는 일들이 차례로 일어났지요. 그 배경에 SNS가 불러온 정치적 양극화가 있었다는 사실이 이제 잘 알려졌습니다. 2019년에는 홍콩의 민주화 시위가 화제였는데, 이 시위의 규모가 커진 것도 SNS 없이는 생각할 수 없습니다. 지금은 체제 측이든 반체제 측이든 모두가 SNS로 동원 전쟁을 반복하는 상황입니다.

SNS와 민주주의가 밀접하게 연결되는 데는 긍정적인 면이 많았습니다. 하지만 부정적인 면도 있었죠. 그 양면성이 명백해진 10년입니다.

특히 문제인 것은 SNS가 보급되면서 언론에서든 문화에서든 정치에서든 명확하고 논리적인 주장으로 성실하게 독자나 지지자를 늘려 가기보다 당장 이목을 끄는 화제를 꺼내고 유명인이나 운동선수를 이용해 '무수한 악성 댓글이 달리게 하는' 쪽이 현명하고 효과적이라고 보는 풍조가 만들어진 사실입니다. 이런 전략이 단기적, 국소적으로는 유효할지 몰라도 장기적, 전체적으로는 확실히 문화를 빈곤하게 만듭니다. 지금 일본에서는 진보적인liberal 지식인과 야당의 영향력이 땅에 떨어졌는데, 그 배경에는 2010년대 내내 정권에 대해 '그 순간 그 자리에만 해당하는' 비판을 반복한 경향이 있다고 생각합니다.

이제부터 이 책에서 이야기할 내용은 겐론이 어떻게 이런 풍조에 저항하며 '다른 가능성'을 만들어 왔는지를 보여 주는 악전고투의 역사이기도 합니다. 「들어가며」에도 쓴 것처럼 겐론은 작은 회사입니다. 이 책에는 유명인도, 유명한 사건도 거의 나오지 않습니다. 그럼에도 이 책을 펴낸 것은 겐론과 같은 '싸움의 방식'도 있다는 사실을 많은 독자가 알아주기를 바랐기 때문입니다.

인터넷의 꿈이 말한 2000년대

2010년대에 인터넷에 대한 실망이 널리 퍼졌지만, 그 전인 2000년대에는 이와 대조적으로 인터넷에 거는 희망이 계속 이야기되었습니다. 특히 정치적인 면에서 인터넷의 출현으로 민주주의가 바람직하게 변할 것이라는 이상론에 대한 믿음이 있었습니다. 저도 사람들의 무의식적인 의견을 정보 기술로 집약하고 가시화해 합의 형성의 기초로 삼아야 하지 않을까 하는 새로운 민주주의의 이상을 제창한 적이 있습니다. 그 원고는 2010년대에 썼지만, 동일본대지진 이후인 2011년 11월에 출판했습니다.(『일반의지 2.0(一般意志 2.0)』, 안천 옮김, 현실문화, 2012.)

2010년대 10년 동안 겐론은 SNS가 만들어 낸 부정적인 효과와 계속 싸웠다고 했지요. 하지만 겐론이 창립되기 전에는 거꾸로 인터넷의 긍정적인 가능성만 이야기되고 있었습니다. 시대의 이런 변화가 이해하기 조금 까다로운 겐론의 위치를 형성합니다. 겐론은 인터넷의 힘을 믿으면서 생긴 프로젝트입니다. 하지만 시작된 뒤로는 인터넷의 힘을 점점 믿지 않게 되었지요. 그 좁은 틈새에서 10년을 고투했습니다.

제 경력에 대해 조금 이야기하겠습니다. 2003년부터 2006년까지 저는 고쿠사이대학 글로컴(GLOCOM, 글로벌 커뮤니케이션 센터)에 적을 두었습니다. 롯폰기의 건물 한 층을 쓰는 작은 연구소지만, 게이오기주쿠대학 쇼난 후지사와 캠퍼스SFC와 더불어 일본 인터넷의 초창기를 이끈 주요 연구 기관으로 꼽힙니다. 제가 있을 때는 정보사회학자 구몬 슌페이(公文俊平) 선생님이 연구소장이었고, 전성기의 자취를 보였습니다. 연구비는 대부분 일본전신전화공사NTT와 경제산업성이 위탁한 연구에서 나왔기 때문에 정부 계열 싱크탱크 같은 면도 있었습니다.

이런 제 경력이 거의 주목받지 않지만 겐론 창업에 관해 생각할 때 아주 중요합니다. 저는 1971년생으로서 서른 살이 넘어 GLOCOM에 들어갔습니다. 30대 전반에 최첨단의 연구자나 창업자 들을 가까이하면서 인터넷이 사회를 바꾼다는 주제에 내해 시간을 들여 차분히 생각해 볼 수 있었습

니다. 지금은 전혀 나가지 않는 학회에 당시에는 때때로 참가했습니다. 나중에 뉴스 앱 '스마트뉴스(スマートニュース)'를 개발해 성공한 스즈키 겐(鈴木健) 씨는 친한 동료였습니다. 그가 중심이 된 학회에 얼굴을 비추고 의견을 나눈 적도 있습니다. 시사 잡지『주오코론(中央公論)』에「정보자유론(情報自由論)」을 연재한 것도 이 무렵입니다.

겐론을 창업하기 전에는 매체에 적극적으로 관계했습니다. 〈아침까지 생방송!(朝まで生テレビ!)〉•에 처음 출연했을 때 스마트폰을 손에 들고 SNS의 가능성을 역설한 기억이 생생합니다. 이 모습이 다하라 소이치로 씨와 프로그램 제작진에게 인상 깊었는지 얼마 동안 연락이 자주 왔어요. 이때 제가 '인터넷으로 사회가 바뀐다'고 주장하는 논객으로 자리매김했다고 생각합니다. 이것은 GLOCOM 시절의 경험과 지식 때문에 가능했습니다.

얼터너티브와 만나다

겐론과 연결되는 이력을 하나 더 이야기해 두겠습니다. 저는 1993년, 학부생 시절에 비평지에서 등단했습니다.

• 저널리스트 다하라 소이치로(田原総一朗)의 사회로 1987년부터 지금까지 매월 마지막 금요일 밤부터 새벽 무렵까지 방송되는 아사히TV의 유명 토론 프로그램이다.

1998년에는 프랑스 현대사상을 주제로 철학서를 펴냈고, 이 첫 단행본이 산토리학예상을 받았습니다.(『존재론적, 우편적: 자크 데리다에 대하여(存在論的, 郵便的―ジャック・デリダについて)』, 조영일 옮김, 도서출판 b, 2015.) 이때는 '젊은데도 어려운 얘기를 쓰는 철학자'로 자리매김했습니다.

  하지만 저의 오래된 독자는 알 거라고 생각하는데, 이때 이미 제 작업에는 양면성이 있었습니다. 저는 학술적인 작업과 별개로 서브컬처 비평 잡문을 썼고, 그쪽에서도 그럭저럭 유명했습니다. 그 가운데 SF 커뮤니티와 만난 것이 지금과 연결되는 경험입니다.

  저는 원래 SF 독자였는데 대규모 모임에는 가지 않았어요. 그러다 2001년에 지바의 마쿠하리 멧세에서 일본 SF 대회가 열려 처음으로 참가했습니다. 그리고 큰 충격을 받았습니다.

  그곳에 제가 찾던 '얼터너티브'가 있었습니다. 얼터너티브란 주류를 대신하는 가치관입니다. 얼터너티브 가치관을 품은 사람들이 있어서 구체제가 무너지고 새로운 문화가 생겨나죠. 저는 그때 이미 책을 몇 권 내고 문단에서 알려진 존재가 되어 있었는데, 문예지나 사상지는 케케묵은 느낌이 들고 마음이 편치 않았어요. 그런데 SF 대회에는 문예지나 사상지에는 등장하지 않는, 그래도 수십만 부나 팔리는 작가들이 모이고 독자적인 네트워크를 만들어 팬과 교류하고 있었습니다. 논의 수준도 아주 높았어요. '뭐야, 이거야말로 얼터너티브가 아닌가!' 하고 놀랐습니다.

예나 지금이나 문예지나 사상지에 모이는 사람들은 얼터너티브가 필요하다고 말하면서도 바탕이 권위주의적이어서 엔터테인먼트라든가 아마추어의 세계를 깔봐요. 그래서는 안 되지요. SF 대회를 만나면서 이런 얼터너티브의 장과 진지하게 마주해야 한다고 생각하게 되었습니다. 같은 해에 『동물화하는 포스트모던(動物化するポストモダン)』(이은미 옮김, 선정우 감수, 문학동네, 2007.)을 내기도 해서 그 뒤 얼마 동안 서브컬처 비평에 탐닉했지만, 이건 애니메이션이나 게임을 좋아한다는 식의 장르에 대한 이야기가 아니었어요. 얼터너티브라는 점이 중요했지요.

인터넷과 얼터너티브, 이 두 가지를 만난 것이 겐론의 창업과 연결되었습니다.

'젊은 논객'들과 멀어지다

또한 2000년대 말 '젊은 논객' 열풍을 빼놓을 수 없습니다. 이것이 바로 창업의 출발점이었습니다.

2000년대 후반부터 2010년대까지 일본의 논단에는 '제로년대계'라고 불리는 젊은 논객들이 한꺼번에 등장했습니다. 이들이 지금은 30대 후반에서 40대 전후 나이로 텔레비전이나 라디오, 출판 등에서 활약하고 있습니다. 제가 한때 이들을 적극적으로 지원했고, 겐론이 처음 문을 열 때는 이들도 힘을 빌려주었습니다. 당시에는 이들을 모아 '젊은 논객이 새롭게 활약할 수 있는 장'을 만들자고 계획했습니다.

결과적으로 이 계획은 실현되지 않았습니다. 저 자신이 약했기 때문이죠. 자세한 내용은 차차 이야기하고 현시점에서 한마디만 해 두자면, 저와 이들은 원래 목적이 달랐습니다. 저는 지금 말한 것처럼 어쨌든 얼터너티브의 장을 만들고 싶었어요. 하지만 젊은 사람들은 다르게 생각했죠.

젊을 때는 누구나 세계를 바꾸고 싶어 합니다. 하지만 이건 얼터너티브이고 싶다는 생각과는 관계없어요. 젊은 사람은 앞 세대를 쫓아내면 업계가 바뀐다고 생각합니다. 하지만 실제로는 텔레비전이든 신문이든 늘 새로운 평론가가 필요하고, 논단이며 문단도 늘 새로운 필자와 스타를 내보내고 싶어하죠. 그러니 젊은 세대가 앞 세대로부터 자리를 빼앗아도 업계 전체의 구조를 바꾸지는 못해요. 사실은 더 근본적인 문제를 생각해야만 하지요. 하지만 이 점을 모르는 사람이 많았어요.

더욱이 이 중 일부가 앞 세대로부터 자리를 빼앗기 위해 툭하면 '우리'로 결속하는 것도 싫었습니다. 요즘 식으로 말하면, 2000년대의 젊은 논객은 정말 호모소셜homosocial•이 강해서 '우리' 이외의 인간에게는 배타적이었어요. 어느 시기까지는 이들의 선배로서 행동하던 저 자신도 점점 더 배제되면서 거리를 두게 되었습니다.

어쨌든 겐론을 창업하기 전 2000년대에는 인터넷에, 젊은 세대에게 기대하고 있었죠. 이런 분위기에서 겐론의 문을 열었습니다. 하지만 실제로 조직을 만들어 운동을 시작하면서 저는 인터넷에도, 젊은 세대에게도 계속 실망했어요. 2010년대는 저에게 그런 10년입니다.

진짜 인생은 따로 있다

그래도 얼터너티브에 대한 갈망은 계속 남았습니다.

앞에서 창업할 때 〈아침까지 생방송!〉에 출연했다고 했는데, 그뿐이 아니었습니다. 제가 대학에서도 자리를 얻는 데 성공해 2010년부터 2013년까지 와세다대학에서 임기제 교수로 일했습니다. 덧붙이자면 이때 만난 제자 가운데 한 사람이 앞으로 가끔 등장할 겐론의 직원으로서, 지금은 이사가 된 도쿠히사 노리야스(德久倫康)입니다.

제가 논단에서도 인정받아 2010년부터 2011년까지

• 동성 사회성. 남성들 사이에서 배타적으로 유지되는 강한 유대를 가리킨다.

아사히신문 논단 시평을 맡았는데, 이것이 꽤 이례적인 발탁이었다고 들었습니다. 게다가 2010년에는 처음 쓴 장편소설 『퀀텀 패밀리즈(クォンタム・ファミリーズ)』(이영미 옮김, 자음과모음, 2011.)가 미시마유키오상을 받았습니다. 비평가의 소설이 소설가들에게 인정받는 일은 매우 드물기 때문에 상당히 화제가 됐죠. 한마디로 말해, 제 30대가 끝나 갈 때 인생은 우상향 중이고 수입도 늘었습니다.

  이런 가운데 딸은 아직 어렸고, 회사 경영에 나설 필요는 전혀 없었습니다. 아니, 무모했죠. 최근 아내●에게 잘도 안 말렸네, 했더니 말렸지만 듣지 않았다고 쓴웃음을 짓더군요.

  그때 느낀 초조함을 떠올리기는 어렵지만, 아마 뭔가 불편한 마음이 컸던 것 같습니다. 주류에 대해 불편한 마음이지요. 와세다대학, 아사히신문, 미시마상. 다 주류지요. 아카데미즘, 저널리즘, 순문학. 제가 좋아하는 건 얼터너티브인데, 어느새 주류의 한가운데에 있었으며 사회적인 책임도 요구받기 시작했습니다. 그럼 돈도 손에 들어오고 훌륭한 사람이 되겠죠. 하지만 그건 진짜 내 인생이 아닌 듯하다는 위기감이 들었습니다. 이것이야말로 겐론의 출발점에 있던 제 마음입니다.

  하지만 위기감이 긍정적으로 작용했다고 말하려는 게

● 소설가 호시오 사나에(はしおきなえ).

아닙니다. 그런 위기감의 공회전이 일으키는 우스꽝스러운 실패의 연속이 이 책 전반부의 주된 내용입니다.

경영하는 철학자

GLOCOM에서 보낸 3년이 겐론 창업에 큰 경험이 되었다고 앞에서 이야기했습니다. 실은 단순히 엑셀 프로그램을 쓰게 되었다는 점을 가리킵니다.

저는 GLOCOM에서 '부소장'이라는 직함까지 받았습니다. 형식적이지만 일단 회의에 나가서 인건비 같은 것을 확인하는 자리였습니다. 그때는 '왜 이런 걸 봐야 하지?' 생각했고 사실 그게 싫어진 것이 연구소를 나온 이유가 되었지만, 지금 돌이켜 보면 좋은 경험입니다.

인건비 표를 보면서 인상에 남은 게 있습니다. 연구원은 기간제 고용이나 업무 위탁이 많고 사무원은 정직원이었어요. 간단히 말하자면 연구원은 비정규직, 사무원은 정규직이었죠. 그때 저는 의문을 품었습니다. 연구소인 이상 연구원이 주체가 되고, 사무원이야말로 외주로 구해야 하지 않을까 하고요.

그래서 겐론을 창업할 무렵 또한 창업한 뒤 얼마 동안 겐론은 '콘텐츠를 만드는 사람들만 모이는 조직이 되어야만 한다, 경리나 총무같이 귀찮은 부분은 다 외주로 돌려야 한다'고 생각했습니다. 게다가 처음에는 2000년대 인터넷 만능론의 열기에 빠져 '사무실을 꾸리는 건 이미 낡은 방식이다, 온라인으로만 해도 괜찮다'고까지 생각했습니다. 사실 겐론은 창업하고 얼마 동안 사무실이 없었습니다. 반년 가까이 지나서야 겨우 작은 공유 오피스의 한 모퉁이를 빌렸는데, 이때까지 회의든 서류 날인이든 다 찻집에서 했습니다. 고탄다에서 임대료가 싼 사무용 건물을 찾아 직원이 일하고 회의도 할 수 있는 공간을 마련한 것은 창업하고 1년이 지났을 때 일입니다.

하지만 그때 생각이 틀렸다는 것을 지금은 압니다. 차차 이야기할 텐데, 회사의 본체는 오히려 사무에 있습니다. 연구 성과든 작품이든 뭐든 '상품'은, 사무가 제대로 돌아가지 않으면 나올 수 없습니다. 연구자나 창작자만이 중요하고 사무는 어차피 보조라는 발상 탓에 결국 호된 대가를 치렀습니다.

이 책에서 제가 여러 이야기를 하는데, '뭔가 새로운 것을 실현하려면 언뜻 본질적이지 않은 것이야말로 본질적이고, 본질적인 것만을 추구하면 오히려 새로운 것은 실현할 수 없게 된다'는 역설적인 메시지가 가장 중요한지도 모르겠습니다. 아즈마 히로키가 겐론의 경영 같은 건 그만둬야 한다, 책의 집필같이 '본질적인 일'에 시간을 써야 한다는 충고를 10년 동안 여러 사람에게 들었습니다. 호의는 고맙지만 그 충고는 틀렸다고 생각합니다. 겐론이라는 회사를 경영하고 계속하는 것, 이 자체가 제 철학의 실천이며 표현입니다. 제 철학이 '본질적인 것'에 틀어박혀 있었다면 결코 실현하지 못했을 테지요.

창업

나카메구로의 창업 모임

슬슬 회사 이야기를 하지요. 겐론을 창업한 날은 2010년 4월 6일입니다. 이름은 '합동회사 컨텍처스'였습니다.

겐론에 대한 아이디어는 다섯 사람의 대화에서 나왔습니다. 지금은 따로 회사를 만든 평론가 우노 쓰네히로(宇野常寬) 씨, 사회학자 하마노 사토시(濱野智史) 씨, 건축가 아사코 요시히데(淺子佳英) 씨, 나머지 한 사람은 이런저런 사정으로 이름을 밝힐 수 없는 X씨. 이 네 사람과 제가 함께했습니다. 2009년 가을부터 이야기가 시작되지 않았나 싶습니다. 나이는 X씨가 가장 많은데 경력이 한참 앞서 있던 제가 형님 노릇을 요구받았습니다.

앞에서 이미 밝혔지만 그때는 다들 '이제 세상은 인터넷을 통해 계속 바뀔 것이며 그래서 비평도 바뀌어야 한다, 비평하는 사람도 바뀌지 않으면 안 된다'는 이야기를 했습니다. 같은 연배의 남성들만 자리하다 보니 술잔을 손에 들고 자꾸 분위기가 고조되었고 새로운 시대를 만들려면 기존 매체에 의지해서는 안 된다, 창업해야만 한다는 결론에 이르렀습니다. 돌이켜 보면 중년 남성이 술집에서 하는 허튼소리와 별반 다를 바 없습니다. 그래서 다들 충분한 각오가 없었는지도 모릅니다. 우노 씨는 곧바로 회사의 방침과 충돌했고, 창업 전에 빠지기로 했습니다. 그래서 남은 네 명이 출자한 150만 엔으로 작은 회사를 만들었습니다. 이것이 2010년 4월에 문을 연 합동회사 컨텍처스입니다. 창업한 뒤에 하마노 씨가 빠지면서 순식간에 3인 회사가 되었습니다.

등기상 본사는 X씨의 사무소가 있는 메구로에 두었습니다. 2010년 4월에 창업 결의 모임에서 네 번째 창업 멤버로 철학자 지바 마사야(千葉雅也)• 씨가 가세해 한밤중 나카메구로에서 떠들썩하게 이야기를 나눈 기억이 납니다. 다 같이 술집을 나와 야마테 거리의 라멘집까지 걸어갔는데, 마침 벚꽃이 피어 있어서 분위기가 무척 좋았습니다.

- 1978년생. 한국에 번역된 책으로 『공부의 철학』, 『현대사상입문』 등이 있다.

그때는 꿈이 있었습니다. 하지만 꿈만 있었다고도 할 수 있습니다. 제가 창업의 중심이 되었지만 경영에 대해 아무것도 몰랐습니다. X씨가 이미 작은 디자인 사무소를 하고 있었기 때문에 그에게 사장(대표사원)을 맡아 달라고 부탁했습니다. 저는 경영을 남에게 맡겨 놓고 새로운 잡지를 만드는 데 전념하고 싶다고 생각했습니다. 통장도 도장도 전부 맡겼습니다. 이게 나중에 큰 문제가 됩니다.

베스트셀러가 된 『사상지도β』 창간호

2010년에 천천히 준비해서 12월에는 『사상지도β(思想地図β)』라는 사상지를 창간했습니다. 기묘한 잡지 이름은 NHK출판에서 펴내던 사상지 시리즈 『사상지도(思想地図)』를 출판사의 허가를 받아 속간한 데서 정해졌습니다.

이 책이 인문서로서는 이례적으로 많이 팔렸습니다. "사회, 정치, 과학 등 영역을 넘나들며 각 분야 제1인자의 논고를 수록. 2010년대를 이끌 신감각 언론지, 압도적인 분량으로 드디어 창간!" 이런 카피였고, 일단 두꺼웠습니다. 첫머리에는 당시 도쿄도 부지사였던 이노세 나오키 씨(猪瀬直樹)와 미술가 무라카미 다카시 씨(村上隆)와 저의 정담(鼎談)이 실렸습니다. 그 밖에 하야미즈 겐로(速水健朗)* 씨가 기획

● 서브컬처를 비롯해 다양한 분야의 글을 쓰는 작가이자 편집자다.

한 쇼핑몰 특집이 있어서 차례가 화려했습니다. 2010년 당시 '새로운 사회를 긍정적으로 인식해 나가자'는 마음가짐을 강하게 느낄 수 있는 잡지였습니다.

5000부만 팔리면 성공이라고 생각했는데, 놀랍게도 트위터를 중심으로 입소문이 퍼지면서 거의 3만 부가 팔렸습니다. 이때 겐론은 도한이나 닛판 같은 대형 총판과 계약하지 않고 서점에서 팩스로 주문을 받고 직접 발송했습니다. 그런데도 이만큼 팔렸죠. 광고비를 들이지 않고 하루에 몇 건씩 쓸데없는 취재를 받지 않아도 이렇게까지 화제가 됐어요. 이것 보라며 콧대가 높았습니다. 인터넷 시대의 꿈, 2000년대 논단의 꿈을 이뤘다고 생각했습니다.

기존 출판사의 상식을 파괴하는 콘셉트였기 때문에 인세 계산도 꽤나 이상주의적이었습니다. 이때까지 저는 필자로서 경험밖에 없었습니다. 언제나 편집자의 일에 불만이 있었고, 인세는 마땅히 더 받아야 한다고 생각했습니다. 그래서 『사상지도β』 창간호는 잡지인데도 원고료를 매절이 아니라 인세로 지불하는 방식을 도입했고, 인세율도 파격적인 15퍼센트로 정했습니다. 지금이니까 말하는데, 그 잡지 한 권으로 원고료를 수십만 엔 받은 사람이 여럿입니다.

지금 겐론은 그런 인세율로 계약하지 않습니다. 단행본 인세는 업계 표준인 10퍼센트고, 잡지도 평범하게 매절 원고료를 지불합니다. 그러지 않으면 회사를 유지할 수 없기 때문입니다.

몰려오는 먹구름

어쨌든 창간호는 예상을 뛰어넘어 많이 팔렸습니다. 그리고 이 성공이 겐론을 처음으로 문제에 부딪히게 했습니다.

창간호가 화제가 되면서 우리는 손에 들어올 현금을 계산해 여러 가지를 생각하기 시작했습니다. 그 가운데 하나가 파티 영화 기획입니다.

2010년 6월에 우리가 '컨텍처스 친구의 모임'이라는 독자 조직을 만들었습니다. 이것은 '겐론 친구의 모임'으로 이름을 바꿔 지금까지 이어지고 있습니다. 여기에서 2011년 2월에 회원만 참여할 수 있는 '총회'를 열고 겐론의 출발을 축하하는 화려한 파티 영화를 상영하려고 했습니다.

이에 대해 앞서 말한 우노 씨가 반응했습니다. 그가 창업을 함께 하지는 않았지만 친구 관계는 지속하고 있었고 창간호에 필자로서 관여했습니다. 우노 씨가 각본에 참여하면서 이야기가 커졌습니다. 출연자도 저와 우노 씨에 더해 당시 교류가 있던 유명 기업가이자 투자자인 호리에 다카후미(堀江貴文) 씨, 무라카미 디카시 씨, 뇌과학자 모기 겐이치로(茂木健一郎) 씨 등이 정해졌습니다. 감독은 이리에 유(入江悠)˙씨,

음악은 시부야 게이치로(渋谷慶一郎) 씨가 맡아 출연진과 제작진이 화려한 컬트 영화가 완성되었죠. 이 영화는 지금도 유튜브에서 검색하면 볼 수 있을 텐데, 좌우간 농담투성이로 웃기는 영화입니다. 제작비는 100만 엔인지 200만 엔인지 정확하지 않아도 그쯤 들었습니다. 그래도 여기까지는 아직 괜찮았어요.

예금 유용 사건이 터지다

해가 바뀌자 『사상지도β』를 판매한 돈이 들어왔습니다. 인쇄비와 필자들에게 주는 인세를 정산하고 영화 제작비를 지불해도 아무런 문제가 없을 터였습니다. 우리는 첫 총회인 만큼 에비스 가까이에 있는 클럽을 빌리려고 했습니다. 그런데 장소를 막 확보하려고 할 때 X씨로부터 돈이 없다는 말을 들었습니다. 저와 아사코 씨는 놀랐습니다. 아무리 계산해 봐도 자금이 충분했기 때문입니다.

따져 물었더니 X씨가 나카메구로의 술집으로 불렀습니다. 1월 상순이었습니다. 우리는 사정을 전혀 몰랐기 때문에 X씨가 그만두려는 줄 알았습니다. 몇 달 전부터 표정이 어두웠고 고민을 안고 있는 것 같다고 느끼기는 했습니다. 둘이서 술집으로 가는 길에 우리가 경영할 수밖에 없다, 오늘은

● 국내 개봉작으로 〈22년 후의 고백〉이 있다.

고민을 들어 보자는 이야기를 나눴습니다. 가게에 들어서자 별실로 안내받았습니다. 그 방에서 인사도 하는 둥 마는 둥 하고 X씨가 봉투를 꺼냈습니다. '아, 역시 사직하는구나.' 하고 봉투를 열었습니다. 그랬더니 사직서가 아니라, 아니, 사직서이기는 한데 놀랄 만한 사실이 쓰여 있었습니다. "제가 일금 100만 엔을 귀사의 계좌에서 인출해 개인 사업의 자금으로 유용했으며……." 우리는 경악했습니다. 잠시 할 말을 잊었고, 회식할 분위기가 아니었습니다.

그때 그 자리에서 회사 계좌에 현금이 거의 없다는 사실을 알았습니다. X씨에게도 돈이 없었죠. X씨가 계속 "언젠가 갚겠습니다." 하면서도 언제까지 갚겠다는 말은 없었습니다. '당했다'고 생각했습니다.

첫 업무는 돈 돌려받기

X씨는 1월 31일 자로 퇴사하고 제가 대표 자리에 앉았습니다. 컨텍처스 창업을 계획할 때는 다섯 명이 있었지만, 일찌감치 저와 아사코 씨만 남았습니다.

제가 새 대표로서 맡은 첫 번째 일이 X씨에게 돈을 돌려받는 것입니다. X씨와 저는 교우 관계가 겹쳤기 때문에, 공통의 친구로부터 X씨를 너무 몰아세우지 말라는 부탁을 받기도 했습니다. 어떤 뜻으로 한 말인지 알겠지만 액수가 너무 컸습니다.

개인 간 대화로는 진전이 없어서 결국 변호사와 상담했고, 기일까지 돈을 갚지 않으면 법적으로 조치한다고 통고했습니다. 그랬더니 약속한 마지막 날 X씨가 현금을 갖고 왔습니다. 그 돈을 아사코 씨 집에서 건네받았는데 모두 말이 없었습니다. X씨가 내민 돈다발을 둘이서 한 장 한 장 셌습니다.

이 일 직후에 동일본대지진이 일어났습니다. 지금 돌이켜 볼 때 지진이 일어난 뒤라면 그 돈을 돌려받기 어려웠을 것 같습니다. 그럼 그 뒤 2011년의 겐론은 꽤나 달랐을 겁니다.

아사코 씨는 이렇게 겐론 초기의 저를 지탱해 준 '전우'인데 지금은 겐론에 없습니다. 2012년 조직 개편 때 아사코 씨는 자신의 생활이 있는 만큼 원래 하던 일로 돌아가는 편이 낫겠다는 이야기를 했습니다. 아사코 씨는 현재 건축가이자 인테리어 디자이너로 활약하고 있습니다.

안이함의 구조

회삿돈 유용 사건은 충격적이었습니다. 저는 대학이나 기존 매체에 진절머리가 나서 새로운 것을 만든다는 이상을 품었습니다. 그리고 『사상지도β』로 겉보기에는 성공한 것 같았죠. 그런데 회삿돈이 유용된 사실을 반년 넘게 알아채지 못했어요. 이렇게 둔하고 멍청한 인간을 언론인이라고 할 수 있나 싶었습니다. 새로운 출판사를 만든다고 기세등등했지만 실제로는 귀찮은 일을 대학 교직원이나 출판사 편집자에게 떠밀어 놓고 못 본 척하는 기존 지식인과 별반 다르지 않았어요. 친구를 앞에 두고 1만 엔짜리 지폐를 한 장 한 장 세는 경험에는 그때까지 저 자신의 안이함을 날려 버리는 충격이 있었습니다. 이건 대실패라고 생각했습니다.

그러나 한 번 실패로 극적으로 바뀌는가 하면 그러지 않는 게 인간입니다. 그때는 아직 경영자로서 자각이 충분하지 않았습니다. 경영 같은 건 사실 하고 싶지 않다, 떠맡았을 뿐이다. 내가 창업해 놓고도 이런 안이함이 남아 있었어요. 이 안이함이 대지진 이후 겐론을 몇 번이나 위기로 몰아넣습니다.

1장
시작

2장
좌절

3장
사람이 모이는 곳

4장
친구도 아니고 적도 아닌

5장
재출발

6장
새로운 계몽으로

방침 전환

자, 다시 시작한다고 생각했을 때

이 장에서는 2011년부터 2015년까지, 겐론의 10년 가운데 전반부(제1기)에 대해 이야기하겠습니다. 앞 장에서 말한 2010년부터 2011년까지 1년은 창업했어도 실제로는 창업 전이랄까, 제가 실감하기에는 '제0기' 같습니다.

아무튼 저는 2011년 1월에 겐론의 대표가 됐습니다. 그러고 나서 돈 문제를 해결하고 새롭게 고탄다에 사무실을 빌려 '자, 다시 시작한다.' 생각했을 무렵 동일본대지진이 일어났습니다.

이로써 겐론이라는 회사가 크게 변모하며 저 자신도 실패를 되풀이해 가며 변합니다. 이때부터 2015년까지 5년 동안이 진정한 창업기라고 할 수 있습니다. 실패를 거듭하며 점점 돈이 떨어지고 사람도 떠나가는 가혹한 시기인 한편 40대씩이나 되어 부끄럽지만 자신을 되돌아보고 성장하는 기회가 되기도 한 시기입니다.

머리와 몸이 따로 놀다

2011년부터 2013년까지에 대해 먼저 이야기하겠습니다. 독자들에게는 이 시기 겐론의 활동이 '사회화'를 통해 점점 확대되고 개방적으로 되어 가는 듯 보였을 거라고 생각합니다.

앞서 이야기했듯 2010년에 회사를 만들 때는 기껏해야 '젊은 논객들을 모아서 세상이 놀랄 만한 잡지를 만들자'는 정도의 동기밖에 없었습니다. 실제로 창간호의 내용은 그랬습니다. 하지만 대지진과 원전 사고를 겪으면서 사상이나 철학이라는 추상적인 것을 발판으로 삼고도 사회에 이바지할 방법이 있지 않을까를 생각하게 되었습니다. 이 새로운 방침은 '지진 이후'를 특집으로 한 『사상지도β vol.2』(제2호)에서 명확해집니다. 나중에 자세히 소개하겠지만 2012년과 2013년에 『일본 2.0(日本2.0)』(제3호), 『체르노빌 다크 투어리즘 가이드(チェルノブイリ・ダーク・ツーリズムガイド)』(제4-1호)(양지연 옮김, 마티, 2015.), 『후쿠시마 제1원전 관광지화 계획(福島第

―原発観光地化計画)』(제4-2호) 등 세 권을 『사상지도β』 시리즈로 펴냈습니다. 제3호부터 잡지 이름과 부제의 관계를 바꿨지만 깊은 뜻은 없습니다. 어쨌든 이 책들이 모두 '지진 이후' 일본의 앞날을 생각한 내용으로 독서계에서 화제가 되었습니다.

한편 조직을 개편해 2012년 4월에는 합동회사 컨텍처스를 '주식회사 겐론'으로 바꿨습니다. 제가 다시 대표를 맡았고, 미디어 활동가 쓰다 다이스케(津田大介) 씨와 아이돌 프로듀서 후쿠시마 마이코(福嶋麻衣子) 씨를 사외이사로 맞는 등 화려한 인사를 단행했습니다.(하지만 사실 이름만 거는 취임으로 경영에 관여하지 않다가 나중에 이야기할 2015년의 경영 혼란기에 퇴임합니다.)

또 3장에서 자세히 소개할 텐데, 2011년부터 2012년까지 드완고DWANGO●와 손잡고 니코니코생방송에서 공식 방송을 시작한 것이 대성공이었습니다. 앞서 말했듯이 밖에서 볼 때 이 시기 겐론은 점점 사세가 좋아지며 젊은 논객들의 논단을 근거 삼아 치고 나가려 한다는 인상을 줬을 것입니다.

하지만 실제로는 경영 상황이 점점 나빠지고 사내 문제를 처리하다 날이 새는 시기였습니다. 이것은 한마디로 제가 이 책 첫 장에서 말한 실패를 반복한 탓입니다. 저는 뭔가

● 일본의 엔터테인먼트 콘텐츠 회사다.

에 관해 귀찮은 일은 남에게 맡겨 버렸습니다. 이것이 패착이었습니다. 제 의식과 겐론의 실태 사이에 큰 낙차가 있었습니다. 머리로는 겐론을 사회에 열린 회사로 바꿔야 한다고 생각했지만, 그게 현실에서 무엇을 뜻하는지 몸으로는 전혀 이해하지 못했습니다.

대지진

물리적인 제염과 인문적인 제염

　『사상지도β』 제2호에 관한 이야기부터 하겠습니다. 광고문은 이렇게 붙였습니다. "2011년 3월 11일에 동일본 일대를 덮친 전례 없는 대재해. 이런 위기 속에서 언론 또는 매체는 무엇을 할 수 있는가? 부흥을 위해 어떤 사상, 어떤 전망이 필요한가? 언론지로서 우리의 위상을 검증하며 새 시대 언어의 가능성을 열기 위해 『사상지도β』 제2호를 긴급 출판합니다."

　그야말로 긴급 출판이라서 9월에 책이 나왔습니다. 일반적인 출판사라면 반년이라는 준비 기간에 긴급이라는 말을 쓰지 않겠지만 우리같이 작은 회사로서는 큰일이었습니다. 대지진 직후 다른 문제로 우노 쓰네히로 씨와 다투는 바람에 젊은 출판 관계자들이 대거 겐론에서 이탈하는 사건도 있었습니다. 창간호 때는 그들이 상당히 긍정적이라서 겐론을 도와주었지만 제2호 때는 협력을 기대할 수 없었지요. 지진과 원전 사고라는 주제도 2000년대의 필자들에게 어울리지 않는 면이 있었습니다.

그래서 제2호는 암중모색하며 만들 수밖에 없었어요. 실제로 제2호를 창간호와 비교하면 필진이 상당히 바뀌었습니다. 쓰다 다이스케 씨나 사사키 도시나오(佐々木俊尚) 씨 같은 미디어 활동가와 언론인 들이 차례에 등장해 젊은 논객의 동아리라는 인상이 옅어졌습니다. 저 자신도 재해 지역으로 발걸음을 옮겼습니다.

저는 지진 직후인 4월, 경계 구역이 지정되어 출입이 금지되기 직전에 원전 사고 피해 지역에 들어갔습니다. 미야기와 이와테●에도 갔습니다. 이곳들을 취재하면서 문득 자신의 조직이 있다는 것이 강점이라고 느꼈습니다. 만약 제가 단순한 비평가였다면 재해 지역을 취재하고 싶어도 재해 지역 일기 같은 원고 의뢰가 들어오기를 기다릴 수밖에 없습니다. 실제로 그런 원고가 문예지에 실렸습니다. 물론 원고 의뢰와 관계없이 개인 자격으로 가도 되지 않냐고 말할 수도 있겠지

● 동일본대지진의 피해가 특히 컸던 지역들이다.

만 여간해서는 강한 동기를 갖기가 어렵습니다. 그런데 회사라는 조직이 있고 취재해서 자력으로 책을 만든다는 사명을 띨 수 있다면 신속하게 움직일 만합니다. 이것이 자유라고 생각했습니다. 이런 실감은 나중에 회사를 계속 해 나가는 동기 가운데 하나가 됩니다.

원전 사고 피해 지역에 들어가서 생각한 건, 누구나 말하듯이 방사능은 눈에 보이지 않고 냄새도 없다는 사실입니다. 방사능 측정기의 숫자로밖에 알 수 없고, 그나마 저선량이라면 그 영향이 인체에 바로 나타나지도 않아요. 정말로 위험한지, 그렇게 느낄 뿐인지 구별하기 어렵습니다. 물리적인 현실인데 심리적인 현실과 구별할 수 없습니다. 그러니 물리적인 문제를 심리적인 문제로 만드는 일도 생깁니다. 이런 점 때문에 방사능의 위험성은 말로 표현하기가 쉽지 않습니다.

이때 느낀 어려움이 나중에 체르노빌에 취재하러 가고 싶다는 생각으로 이어졌습니다. 후쿠시마에서는 사고 이후 코피를 흘리는 것과 원전 사고를 관련짓거나 소아 갑상샘암을 두려워하는 사람이 많이 생겼습니다. 저는 코피가 방사능과 관계없다고 생각하고, 소아 갑상샘암도 체르노빌과 달리 후쿠시마에서는 유의미하게 증가하지 않았다고 봅니다. 건강과 관련해 피해가 많은데 정부와 도쿄전력이 감추고 있다는 음모론에 동의하지 않아요.

하지만 과학적인 '사실'과 별개로 심리적인 문제가 있고, 이것이 특히 후쿠시마에서는 중요하다고 생각합니다. 지금 이야기했듯이 원자력 재해의 본질은 원래 물리적, 즉 신체적인 피해와 심리적인 문제를 구별하기 어렵다는 점에 있기 때문입니다. 방사능은 눈에 보이지 않는 것만 문제가 아닙니다. 확률적으로 그 영향도 장기간에 걸쳐 나타납니다. 그래서 정말로 피폭했는지 또는 피폭했다는 생각에 빠져서 상태가 이상해졌는지를 구분하기가 어려워요.

저는 이 '구분하기 어렵다'는 점을 다루려면 물리적인 제염(除染)이 필요한 동시에 심리적인 제염도 필요하다고 생각했습니다. 인문적인 제염이라고 바꿔 말할 수도 있지요. 원자력 재해에 과학적으로 대응하면서 인문적인 대응도 꼭 해야만 한다고 생각했습니다.『사상지도β vol. 2』,『체르노빌 다크 투어리즘 가이드』,『후쿠시마 제1원전 관광지화 계획』. 이 세 권을 통해 저는 '인문적 제염'의 가능성을 추구하고 싶었습니다.

이 시도가 성공했는지는 독자의 판단에 맡기겠습니다. 단, 지금 와서 돌이켜 보면 그때 저 자신이 미숙해서 좋은 문제의식에 제 언어와 사회를 어떻게 연결해야 하는지, 이 관계를 제대로 파악하지 못했어요. 지금이라면 세 권 모두 다르게 만들었을 거라고 생각합니다.

그런데 여기에서 그치지 않고 편집 방침 이상으로 미숙한 것이 있었음을 말해 두고 싶습니다. 바로 경영의 문제였습니다.

'매출의 1/3'을 기부해 버리다

모든 변화에는 고통이 따릅니다. 방침을 바꾼 대가가 겐론에 금전적인 위기로서 찾아왔습니다.

무엇보다 제가 무슨 생각이었는지 『사상지도β』 제2호 매출의 3분의 1을 재해 지역에 기부하겠다고 마음먹었습니다. 이래서는 이윤이 전혀 남지 않습니다. 이때 저는 '매출의 3분의 1'과 '이윤의 3분의 1'을 제대로 구별조차 못 한 겁니다. 매출은 책이 몇 권 팔렸는가로 결정됩니다. 하지만 이게 다 겐론으로 들어오지는 않지요. 서점이 가져가는 몫이 있고, 인쇄비와 창고 임대료가 들어요. 원고료도 있죠. DTP* 비용도 있고요. 이 모두를 치르고 남는 게 매상 총이익**인데, 여기서 다시 인건비와 사무실 임대료를 지불해야 합니다. 애초에 매출의 3분의 1이 이윤으로 남지 않아요. 그런데 매출의 3분의 1을 기부한다고 선언했으니, 겐론에는 돈이 남지 않았

* Desktop Publishing. 개인용 컴퓨터로 문자와 영상 입력, 편집, 인쇄 등을 하는 전자출판 시스템. 보통 컴퓨터로 하는 조판을 가리킨다.
** 매상고에서 매상 원가를 뺀 이익이다.

습니다.

　기부는 고귀한 행위입니다. 저도 딱히 기부를 후회하지는 않습니다. 하지만 기부를 위해 회사를 망하게 하면 본말이 전도된 거죠. 창간호 때의 인세 설정 같은 잘못을 또 반복하고 말았습니다. 이때 저는 지진과 원전 사고와 관련해 어떤 행동을 일으켜야만 한다고 엄청나게 초조해한 것 같습니다.

　어쨌든 기부 때문에 『사상지도β』 제2호의 매출로는 겐론의 경영 상황이 전혀 나아지지 않았습니다. 직원은 이윤도 거의 없이 애만 썼습니다. 덧붙이자면, 지금도 이 책으로 약소하게나마 기부를 계속 하고 있습니다. 겐론이 후쿠시마를 이용해 먹는다는 비판까지 호되게 받았지만 이 책으로 낸 기부금을 합하면 1,200만 엔을 넘습니다.

방만한 경영에 빠지다

　인사(人事)도 엉망이었습니다. X씨가 나가고 나서 얼마 동안 저와 아사코 씨가 경영했는데, A씨라는 직원이 힘을 보탰습니다. 원래 IT 계열 회사에 있던 A씨가 귀찮은 일을 다 하겠다며 겐론을 크게 키우고 싶다고 해서 점점 인사며 경리까지 맡게 되었습니다. 저는 일주일에 한 번 A씨에게 보고받을 뿐이었습니다.

또다시 나쁜 버릇이 나온 겁니다. 겐론을 해 나가겠다면 스스로 경영해야 한다, 회사의 상황을 확실히 파악해야 한다. X씨 사건을 겪었으니 이런 사실을 깨달았어야 하죠. 그런데도 곧바로 잊어버렸습니다. 귀찮은 일은 피해 버린 거예요.

아사코 씨가 2012년 봄에 나간 뒤로 A씨는 완전히 경영의 중심이 되어 자신의 재량으로 돈을 쓰게 됐습니다. 하지만 그다지 계획성 있는 사람이 아니었어요. 결과적으로 점점 자금이 줄어들었습니다. 그때 자료가 최근 나왔는데 너무도 엉성한 경영 계획에 웃고 말았습니다. 그래도 그때 저는 그걸 믿었어요. 믿는 편이 편했으니까요.

상업적 실패, 한 방 역전의 꿈이 깨지다

이야기를 조금 되돌리겠습니다. 『사상지도β』 제2호를 펴내고 2011년 후반부터 재정 상황이 나빠지기 시작했습니다. 그런데도 저하고 아사코 씨는 경영을 A씨에게 맡기고 쓰촨 대지진 피해 지역의 부흥을 취재하러 가는 등 하고 싶은 걸 했습니다. 이 취재는 결국 책이 되지 않아서 비용을 회수하지 못했습니다.

그때 우리가 어쩔 작정이었는지 정말 모르겠지만, 자금이 바닥을 드러내는 상황에도 어쨌든 다음 책을 내서 한 방에 역전하자는 기운만큼은 충만했습니다. 이런 식으로 기획

된 책이 600쪽을 넘는 엄청난 두께의 벽돌 책 『일본 2.0』(2012년 7월)입니다.

이 책도 상업적으로는 성공했다고 할 수 없었습니다. 내용에는 아무런 문제도 없었습니다. 오히려 좋은 책이었다고 생각합니다. 다카하시 겐이치로(高橋源一郞)* 씨의 신작 소설이 있었고, 지바 마사야 씨도 아주 흥미로운 논문을 실은 데다 '겐론헌법위원회'(사회학자 니시다 료스케(西田亮介) 씨, 법학자 시라타 히데아키(白田秀彰) 씨, 경제산업성 관료 사카이 마사요시(境真良) 씨, IT전략 전문가 구스노키 마사노리(楠正憲) 씨와 저까지 다섯 명)의 헌법 초안을 소개하는 등 무척 실험적이고 의욕적인 편집이었어요. 겐론이 아니면 절대로 실현하지 못했을 기획이라고 생각합니다.

그런데 늘 그랬듯이 비용에 대한 감각이 없었어요. 일단 제가 너무 어리석어서 책의 첫머리에 돈이 엄청나게 많이 드는 예술 화보를 기획하고, 그 촬영을 위해 사진가 신쓰보 겐슈(新津保建秀) 씨와 아키바계** 유명인(앞에서 이야기한 후쿠시마 마이코 씨와 크리에이터로서 게임 회사 대표인 시쿠라 지요마루(志倉千代丸) 씨)을 데리고 사이판까지 다녀오고 말았습니다.

- * 『우아하고 감상적인 일본 야구』로 미시마유키오상 초대 수상자가 된 소설가다.
- ** 도쿄 아키하바라(아키바)나 오사카 닛폰바시 같은 번화가에 있을 법한 '오타쿠' 또는 그들이 좋아할 법한 콘텐츠를 가리킨다.

정확하게 기억하진 못하지만 이 일에 200만 엔 정도 들었을 거라고 생각합니다.

화보 인쇄도 평범하게 하면 됐을 텐데, 그때도 자신만의 스타일을 고집하는 사람을 디자이너로 고용해서 그의 제안을 수용하다 보니 어처구니없는 사태에 빠졌습니다. 화보와 활자를 각각 다른 인쇄소에 맡긴다든가, 헌법 초안 부분만 소책자로 만들어 끼워 넣자는 식의 아이디어가 계속 나왔어요. 흥미로운 제안을 받아들이다 보니 어느새 비용이 급등해 인쇄비만 해도 무려 1,000만 엔을 넘어 버렸습니다. 이건 직원 탓이 아닙니다. 그의 아이디어를 원가 계산도 하지 않고 채택한 제 책임이죠.

게다가 『일본 2.0』은 세금 포함 가격이 (나중에 바뀌긴 해도) 3,200엔이나 하는데 무려 2만 부를 찍어 버렸습니다. 앞서 펴낸 창간호와 제2호가 모두 언론지나 인문서로서는 이례적인 매출을 올렸습니다. 제3호의 기획도 뒤지지 않는다, 아니, 오히려 화려하니까 잘 팔릴 거라고 생각했습니다. 더군다나 판매 초기의 숫자만 보고 증쇄까지 해 버렸습니다. 이게 대실패였습니다. 앞의 두 호와 정가가 다르니 팔릴 리가 없지요. 이렇게 초보적인 사실조차 몰랐어요. 최종적으로는 그럭저럭 매출이 나왔지만 초판도 다 팔지 못하고 대량의 재고를 떠안게 되었습니다. 한 방에 역전하겠다는 꿈이 깨진 거죠.

더 부끄러운 얘기를 하자면, 이 책에 대한 어리석은 판단이 2014년에 경비를 줄이려고 재고를 정리할 때까지 이어집니다. 이 책이 '자리를 많이 차지해 보관비가 많이 든다'는 이유에서 당시 직원의 판단으로 수천 권을 가차 없이 파쇄해 버린 겁니다. 그 탓에 지금은 재고가 한 권도 없습니다. 정말로 불행한 책이지요. 다 제 책임입니다.

30대에 대한 깊은 반성

어쩌다 그렇게 큰 책을 만들고 말았을까요? 대지진이 일어났을 때 저는 서른아홉 살로 30대의 저 자신을 돌이켜 보고 있었습니다. 젊어서 등단한 건 좋았지만 언론인으로서, 철학자로서 목표를 찾지 못하고 있었어요. 젊은 사람들과 함께해도 결국 어떤 사회를 만들고 싶은가, 어떤 일을 하고 싶은가에 대한 답이 명확하지 않았죠. 이런 반성이 있었습니다.

30대의 저는 무엇을 하고 싶은지 몰랐습니다. 의뢰받은 일은 꽤 여러 가지를 했습니다. 앞서 이야기했듯이 대학에서 가르쳤고, 텔레비전에 나갔고, 소설을 썼고, 애니메이션 원안까지 만들었습니다. 그랬지만 바탕이 수동적이었습니다. 무엇이든 '하면 될 것 같다'고 느꼈습니다. 대학에 남을 수 있고, 소설가도 될 수 있을 것 같았어요. 텔레비전에 나와 유명

해지면 정치가도 될 수 있을지 모르죠. 이런 느낌이었습니다.

하지만 이건 착각이었어요. '하면 될 것 같다'고 생각하는 것과 실제로 이루는 것은 전혀 다르죠. 해야 하는 일을 찾는다는 것은 다른 선택을 적극적으로 버리는 일이기도 합니다. 30대의 저는 단지 그게 두려워서 하지 못했어요. 겁쟁이였죠. 그래서 '원하면 뭐든지 될 수 있는 자신'을 지키기 위해 뭐든 할 수 있는 척하고 다른 선택지도 쥐고 있었어요. 정말로 유치했네요. 이런 상황에 차차 한계가 오고 있었습니다. 그 계기 중 하나가 제 나이 서른넷에 딸이 태어난 것이라고 생각합니다. 하지만 이것만으로는 완전하게 깨닫지 못했죠. 제가 미시마상을 받았을 때 문예지에 실은 에세이가 「현실은 왜 하나일까」(『느슨하게 철학하기(ゆるく考える)』, 안천 옮김, 북노마드, 2021.)입니다. 딸이 생겼는데도 '다른 현실'을 꿈꾸는 면이 남아 있었던 거죠.

그러다 대지진이 일어나고, 겐론에 위기가 와서 조금씩 변하기 시작했습니다. 『일본 2.0』은 이런 변화 속 혼란이 드러난 책인 것 같습니다. 인생은 오직 한 번뿐이다, 그런데도 아무 생각 없이 되는대로 살면서 의뢰받은 일만 해 왔다, 정말 이대로 좋은가, 슬슬 어른이 돼야 하지 않을까? 이렇게 생각하면서도 아직 저 자신이 사회에 뭘 제시해야 하는지 몰랐죠. 그래서 아이디어를 몽땅 밀어 넣어 버렸어요.

경영 위기

빚을 떠안고 자금이 바닥나다

경영 이야기로 돌아가지요. 2012년에 겐론은 『일본 2.0』을 만들었을 뿐만 아니라 이듬해에 자매편으로 펴낼 『체르노빌 다크 투어리즘 가이드』와 『후쿠시마 제1원전 관광지화 계획』을 준비하고 있었습니다. 재정 상황이 확실히 나빠지고 있었습니다. 봄에 대출을 받아 『일본 2.0』을 펴내고 만회할 작정이었지만 결국 그렇게 되지 않았어요. 출판을 전후해서 '겐론 친구의 모임' 회비가 2,000만 엔쯤 들어와 한숨 돌렸지만 얼마 있다 다시 대출을 받았습니다. 대출이라고 해도 결국 개인 보증˙으로 내는 빚입니다. 두 번 연속 빚진 겁니다. 이때 저는 겐론에서 급여를 거의 받지 않았습니다. 그런데도 개인 보증으로 빚을 내야 했고, 다른 한편으로 생활은 그대로 유지해야 하니 통장 잔고가 점점 줄어들었습니다.

그런데 또 새로운 기획이 생겼습니다. 아무래도 저는 한 방으로 역전하려는 생각만 하는 버릇이 있나 봅니다. 새 기획은 2013년 (1월에 임시로 문을 열고) 2월에 정식 개업해 지금도 유지하고 있는 이벤트 공간, '겐론카페'입니다. 이에 대해 자세한 내용은 다음 장에서 이야기하겠지만 잡담을 나누다 아이디어가 나왔습니다. A씨가 묘하게 의욕을 보여서 순식간에 카페 자리를 알아보고 출자자를 찾아내는 등 우왕좌왕하다 실현해 버렸습니다. 실행력은 대단하지만 계획성이 허술한 건 변함없어서 꿈 같은 계획을 생각하고 있었습니다. A씨는 겐론카페를 낮에는 공유 사무실로, 밤에는 음식도 파는 바로 운영하려고 했습니다. 제가 지금이라면 이 계획이 비현실적이라는 걸 바로 알겠지만 그때는 믿어 버렸습니다.

경영자의 비애

A씨가 2013년 여름에 사정상 갑자기 퇴사하게 되었습니다. 이때 겐론은 임원인 저를 빼면 여섯 명이 있었고, 카페의 임시 직원을 많이 고용하고 있었습니다. 확실히 비대한

- 금융기관에서 대출을 받을 때 기업이 채무를 지지 않고 경영자를 비롯한 개인이 대출 변제를 보증하는 경우다.

조직이었죠. A씨가 그만둔 뒤 회사의 방만한 상태를 바로잡는 게 제 일이 되었습니다. 이런 가운데 A씨가 맺은 계약이 많이 나왔습니다. A씨는 업자를 불러 견적을 받거나 이야기 듣는 걸 좋아했는지 불필요한 계약이 많았습니다. 그중 특히 어이없어 웃은 게 겐론카페 네트워크 보안장치입니다. 임대료가 이상하게 비쌌는데, 알아보니 놀랍게도 전원만 들어와 있을 뿐이고 인터넷에 연결되지 않았어요. 청소하면서 철거했나 본데 그 뒤 아무도 신경 쓰지 않아 방치되어 있었죠. 그래서 계약을 해지하려고 알아보니, 장기 임대라서 계약 기간 중에 해지하면 100만 엔 단위의 위약금을 물어야 한다고 했어요. 결국 울며 겨자 먹기로 장치를 쓰지도 않으면서 임대료를 계속 지불했습니다.

      이때 제가 매체에서는 후쿠시마 관광지화 계획이니 언론지의 새로운 형식이니 떠들면서 잘난 척하고 있었죠. 하지만 회사로 돌아오면 계약서를 처리하거나 업자와 연락하는 데 쫓겨서 창조적이거나 학문적인 일은 전혀 생각할 수 없었습니다. "그 일 어떻게 됐어요?" "그 계약은 해지됐어요?" 이런 대화만 주고받을 뿐이니, 내가 뭘 위해 회사를 만들었나 싶어 허무해졌습니다.

부도의 발소리

실패의 터널이 이어지다

그러는 사이에 겐론의 10년 가운데 가장 큰 실패가 찾아왔습니다. 바로 『후쿠시마 제1원전 관광지화 계획』(2013년 11월)입니다. 시간 순서대로 말하자면 『체르노빌 다크 투어리즘 가이드』라는 자매편을 먼저 출판했습니다. 이 책은 2만 부쯤 팔리며 평판이 좋았고, 현재 겐론의 대표인 우에다 요코(上田洋子) 씨와 만나는 계기가 되었습니다. 그에 대한 일화는 뒤에 이야기하겠습니다. 지금은 경영 실패에 대한 이야기를 하겠습니다.

아무튼 『후쿠시마 제1원전 관광지화 계획』은 전혀 팔리지 않았습니다. 자매편의 절반도 팔리지 않았어요. 후쿠시마 제1원전 관광지화 계획이 뭔가? 지금도 공식 사이트에 제가 쓴 글이 남아 있어서 그대로 인용하겠습니다.

> 후쿠시마 제1원전 관광지화 계획, 이건 문자 그대로 후쿠시마 제1원전 사고 유적지를 '관광지화'하는 계획입니다.
> 이것은 현재의 사고 현장에 대한 이야기가 아닙니다. 이 계획은 제염이 충분히 진행되어 일반 시민이 방호복을 입지 않고 수백 미터 거리까지 안전하게 접근할 수 있게 된, 사고 후 25년이 지난 미래의 유적지를 가정합니다. 2036년 후쿠시마 제1원전 유적지에 어떻게 사람을 모으고, 어떤 시설을 짓고, 무엇을 전시하고 무엇을 전달해야만 하는지를 지금부터 검토해 보자. 그리고 이런 전망에 기초해 재해 지역의 부흥을 생각해 보자는 것이 이 계획의 주된 뜻입니다.
> 2012년 가을, 주식회사 겐론 대표 아즈마 히로키의 호소에 응해 이 뜻에 찬동하는 경영자·사회학자·저널리스트·건축가·미술가 들이 모여 영역의 경계를 허물고 팀을 결성했습니다. 앞으로 이 팀을 중심으로 민관, 학계의 다방면 및 재해 지역 분들과 연계해 서적이나 전시 등의 형태로 성과를 발표해 나갈 것입니다. 최종적으로는 민간에서 제시하는 특별한 부흥안으로서 실제 부흥 계획에 활용되는 것을 목표로 삼고 있습니다.

'후쿠시마 제1원전 관광지화 계획' 공식 사이트
http://fukuichikankoproject.jp/project.html

부흥 계획에 활용되는 일은 없었고 앞으로도 그럴 리 없겠지만, 목적 자체는 나쁘지 않았어요. 하지만 판매 면에서는 두말할 것 없이 실패했습니다.

출판 뒤 관련 기획으로서 겐론카페와 사무실을 전시 회장으로 삼은 "'후쿠시마'로 가는 문을 열다: 후쿠시마 제1원전 관광지화 계획전 2013"(2013년 12월 24~28일)에서 젊은 현대미술가 집단인 카오스*라운지가 「후쿠시마 제1원전 마작 계획(福島第一原発麻雀化計画)」이라는 작품을 전시했는데, 이걸 제가 트위터에서 소개해서 사태가 악화됐습니다. 이 트윗에 부정적인 댓글이 엄청나게 많이 달리면서 책의 평판이 매우 나빠졌습니다.* 트윗을 불쾌하게 여긴 사람이 많았던 게 사실이기 때문에 이에 대해서는 변명하지 않겠습니다. 제가 미숙했어요.

● 방사능 물질과 발전소를 연상시키는 마작 패를 쓰고 '즐거운 후쿠시마 제1원전 마작 계획'이라는 광고지로 규칙을 소개했으며, 실제로 마작 하는 사진을 트위터에 올려 원전 사고를 놀잇감으로 삼았다는 비판이 많았다.

3,000만 엔가량 추산이 어긋나다

왜 안 팔렸을까요? 중요한 이유 가운데 하나가 판형이라고 생각합니다. 『체르노빌 다크 투어리즘 가이드』와 『후쿠시마 제1원전 관광지화 계획』은 판형이 B5로, 그때까지 많이 쓰인 A5판보다 꽤 큽니다. 서점 매대에 진열하기가 어려웠을 거예요.

이뿐만이 아니었을 겁니다. 이 두 책은 컬러 사진과 도표가 많이 들어가서 디자인에도 상당히 공을 들였습니다. 특히 『후쿠시마 제1원전 관광지화 계획』은 원전 사고에 관한 책의 이미지를 바꾸겠다는 뜻에서 일부러 애니메이션 스타일의 일러스트를 넣는 등 아주 발랄하게 디자인했습니다. 지금까지 인문서에 없던 형식으로 책을 만들어서 새로운 독자를 불러 모은다는 생각이었지만, 이게 빗나갔어요. 진지한 독자가 손에 들려고 하지 않았으니까요. 다른 한편으로 2000년대부터 제 글을 읽은 사람들은 오타쿠인 아즈마 히로키가 왜 부흥 계획에 관여하는지 전혀 모르겠다는 느낌이었을 겁니다. 모든 점에서 어중간했어요.

『체르노빌 다크 투어리즘 가이드』와 『후쿠시마 제1원전 관광지화 계획』, 이 두 책은 많은 필자를 끌어들여 연구회 발간 형식으로 제작했습니다. 해외 취재도 다녀와서 경비가 꽤 들었어요. 2012년의 『일본 2.0』이 생각만큼 팔리지 않아서 대출과 친구의 모임 회비로 2013년을 겨우겨우 보내고 있던 저로서는 이 두 권이 마지막 패였습니다. 실제로 『체르노빌 다크 투어리즘 가이드』로 광명이 보였지만, 『후쿠시마 제1원전 관광지화 계획』으로 이러지도 저러지도 못하게 됐습니다. 저는 『체르노빌 다크 투어리즘 가이드』가 2만 부 팔렸다, 『후쿠시마 제1원전 관광지화 계획』은 일본에 대한 이야기니 3만~4만 부가 팔려도 이상할 게 없다고 생각했어요. 그런데 1만 부도 팔리지 않았죠. 정가가 (세금을 빼고) 1,900엔이니까 도매가로 계산하면 3,000만 엔가량 추산이 어긋난 거예요.

여기서 저는 막다른 골목에 다다랐습니다. 이미 새 책 계획 같은 건 없었어요. 한 방으로 역전하려는 아이디어도 다 떨어졌습니다. 회사를 접는 것에 대해 진지하게 생각하기 시작했습니다.

우선 인건비 때문에 직원 수를 줄였습니다. 또 쓸데없는 기획은 검토를 거듭했습니다. 출판 계획도 중지했고요. 다행스럽게, 다음 장에서 이야기할 겐론카페나 겐론스쿨이 있었던 덕에 결국 부도는 면할 수 있었습니다. 하지만 이때부터 2015년까지 1년 반 정도는 부도 가능성이 머리에서 떠나지 않았습니다. 본격적으로 다음 책을 펴냈을 때는 2015년이 다 지나 있었습니다.

사람들이 저한테 트위터에서 "악성 댓글이 많네요, 힘

드시겠어요." 하고 말 걸 때가 많은데 이때 댓글 같은 건 아무래도 좋다고 생각하게 됐습니다. SNS에서 긍정적으로 화제가 되어도 돈이 생길 리 없고, 거꾸로 비난받아도 빚이 늘지는 않죠. 문제는 자금 융통이고, 그쪽이 훨씬 더 현실적입니다. 급기야 월급을 줄 수 없게 되어 적금을 깨기도 했고, 지인에게 머리를 조아리며 돈을 빌리기도 했습니다. 그러고 있자니 SNS의 '논쟁'이 생활에 여유가 있는 사람의 유희처럼 보이기 시작했습니다. 어쨌든 힘들었습니다.

중소기업을 경영한 할아버지

이 시기는 제게 내가 왜 겐론을 하고 있는가를 다시금 생각하는, 결정적으로 중요한 기회가 되었습니다. 빚은 늘기만 하고 생활을 생각하면 회사를 접는다는 선택을 충분히 할 수 있었죠. 집필이나 대학으로 돌아가는 게 편하고, 독자도 그쪽을 바랄 거라고 생각했습니다. 그래도 겐론을 계속해야만 한다는 생각이 솟구쳤습니다.

이는 제 출신과 관계있는지도 모르겠습니다. 나중에 「겐론과 외할아버지」(『느슨하게 철학하기』)라는 글에 썼는데, 제 외할아버지는 도쿄 아카사카에서 커튼 같은 것을 취급하는 실내장식 관련 회사를 경영하고 있었습니다. 제 아버지는 평범한 월급쟁이고, 어머니는 전업주부니 지식층 집안이 아니었어요. 친척들을 둘러봐도 작가나 대학교수는 한 사람도 없었죠. 중소기업을 경영하는 할아버지야말로 어린 시절 저에게 어른의 전형으로 실감할 수 있는 존재였어요. 지금 돌이켜 보면 30대 무렵에 대학에서 가르쳐도, 책을 내도, 텔레비전에 나가도 산다는 실감이 없었던 건 어린 시절 제 주위에 그렇게 사는 사람이 없었기 때문이 아닌가 싶습니다. 그게 생활이라는 실감이 없었던 거죠.

그러다 지진과 원전 사고라는 사회문제에 직면하고, 회사 경영에 본격적으로 관여하는 가운데 점차 달라졌습니다. 계속 이야기하듯이 겐론은 처음에 동아리 같은 조직을 이상으로 삼았습니다. 실제로 주위를 보면 2000년대의 젊은 논객이 모이는 양산박인 양 경박한 기대를 품은 사람이 많았던 것 같아요. 겐론을 하면서 변해 갔습니다. 회사를 경영함으로써 출판이나 대학에 틀어박혀 있던 때보다 훨씬 폭넓게 사회와 접점을 갖게 되었어요. 예를 들어, 카페를 경영하면 다양한 업자와 만납니다. 공조 시설 정비, 보안 경비, 관엽식물 대여, 식자재 배달 서비스. 당연한 얘기지만, 이 모두 각각 사람이 있게 마련이지요. 이 밖에도 출판 같으면 인쇄업자, 나중에 이야기할 관광업이라면 여행사, 사무실을 빌릴 때는 부동산 회사, 대출할 때는 은행이나 관공서 그리고 투자사나 겐론 친구의 모임 회원들⋯⋯. 겐론을 하면서 처음으로 제가 생활인임을 실감하며 일할 수 있게 됐습니다. 이렇게 쌓아 올린 것들을 무(無)로 돌릴 수는 없다고 느꼈어요.

장사의 신마저 눈물을

경영 이야기로 돌아가지요. 앞서 이야기한 것처럼 2012년에 시작된 경영 위기가 결국 2015년 말까지 길게 이어졌습니다.

회사 내부에서 2013년 여름에 A씨가 빠진 뒤 사무를 보면서 저를 뒷받침해 준 사람이 직원 B씨였습니다. B씨는 경리 업무를 잘 보지 못했어요. 그럼에도 이해 겨울에 직원을 대폭 줄였기 때문에 2014년에 B씨에게 부담이 가중되었습니다. 이게 또 문제를 일으킵니다. 2014년이 가고 해가 밝은 2015년 정월, B씨가 갑자기 그만두고 싶다는 말을 꺼냈습니다.

이미 직원을 한계까지 줄였기 때문에 카페 행사를 맡은 임시 직원을 빼면 저, 앞에서 이야기한 우에다 요코 씨와 도쿠히사 노리야스, B씨와 그를 보조하는 C씨(임시직)까지 다섯 명만으로 겐론과 겐론카페를 운영하고 있었습니다. C씨도 B씨와는 다른 이유로 2014년 말에 퇴사했어요. 남은 네 사람은 점점 직원이 줄지만 어쩔 수 없다, 힘내자는 뜻에서 1월 2일에 나리타산으로 새해 첫 참배를 갔습니다. 나리타산은 장사 번창을 기원하는 절이라서 부적을 사고 그 지역 명물인 장어를 먹은 뒤 헤어졌습니다.

저는 그다음 날인 3일부터 7일까지 가족과 홋카이도로 스키를 타러 갈 예정이었습니다. 8일에는 출근하려고 했는데 7일에 눈보라가 치는 바람에 신치토세 공항에서 비행기가 뜨지 않았습니다. 결국 그날은 삿포로에서 묵고 이튿날인 8일에 특급열차와 신칸센을 번갈아 타며 도쿄에 돌아왔습니다. 열두 시간 가까이 걸린 것 같습니다. 피곤에 절어 집으로 돌아왔더니 B씨에게서 메일이 와 있었습니다. 열어 보니 뜻밖의 내용이었습니다. "지금쯤 댁에 도착하셨을 것 같습니다. 휴가가 끝났으니 말씀드리는데 저, 퇴사하기로 했습니다." 저는 맥이 탁 풀렸습니다. '그럴 거라면 첫 참배를 갈 때 말해 주지. 이제 와서⋯⋯.' 이런 심정이었죠.

영수증 입력만 계속하는데

이튿날 서둘러 면담했지만 결심을 굳힌 모양이었습니다. 할 수 없이 업무를 인계하고 보니 연초부터 처리하지 않은 영수증이며 청구서, 계약서 다발이 서랍에서 뒤죽박죽인 채로 나왔습니다. 아마 B씨도 고민했겠죠. 당황한 제가 고문 세무사에게 연락했더니, B씨에게서 연락이 오지 않아 자신도 아무깃도 하지 않았다고 했습니다. 겐론과 겐론카페는 형식상 다른 회사라서 회계 처리도 따로 해야 합니다. 결산이 3월이니 큰일이다, 서둘러 작업해 달라고 했더니 이번에는 세무사가 자기 능력으로는 어쩔 수 없으니 고문을 그만두겠다고 연락해 왔습니다.

저는 머리를 감싸 쥐었습니다. B씨가 퇴사하면서 실질적으로 직원은 저와 우에다 씨, 도쿠히사만 남았습니다. 그런데도 경리는 엉망진창이고, 새로운 세무사를 찾는 데서부터 시작할 수밖에 없었어요. 한탄해 봤자 어쩔 수 없으니 세 사람이 영수증을 나눠 입력하는 데서 시작했습니다. 6월분에 해당한다면 '2014년 6월 6일, 550엔, 문구…….' 하고 자잘한 내용을 엑셀에 입력해 나가는 겁니다. 한편으로는 이때까지 무질서하게 이곳저곳 캐비닛에 쑤셔 박혀 있던 파일을 끄집어내고 디지털 데이터밖에 없던 계약서나 청구서를 될 수 있는 대로 인쇄한 다음, 서류 보관 파일을 새로 만드는 작업을 했습니다. 한 권 한 권, '주주총회 기록'이라든가 '인쇄비 청구서 2014년' 같은 제목을 인쇄해서 오린 다음 파일 등에 붙이고 캐비닛에 다시 정리하는 소소한 작업을 하고 또 했어요.(라벨 인쇄기를 사면 좋았겠다는 생각을 나중에 했습니다.)

코로나 사태로 유행한 온라인 회의나 재택근무에 대한 이야기는 2000년대부터 있었습니다. 앞서 본 것처럼 겐론도 창업하고 얼마 동안은 물리적인 사무실을 아예 두지 않고 모든 사람이 이메일을 기반으로 일했습니다. 이 정신이 2011년 이후에도 살아 있어서 종이 서류 관리가 상당히 허술했습니다. 다들 나중에 지메일이나 드롭박스(파일 공유 클라우드 서비스)를 검색하면 될 거라고 생각했거든요.

하지만 이 사건을 겪으면서 이런 식으로 일하는 데는 큰 위험 요소가 있음을 뼈저리게 느꼈습니다. 디지털 파일은 물론 클라우드에 둬도 됩니다. 하지만 그렇게만 하면 직원이 일의 존재를 잊어버립니다. 계약서나 경리 서류를 종이에 인쇄해서 눈에 보이는 존재로 만든 다음 책꽂이에 꽂아 두는 것은 일의 존재를 계속 생각나게 한다는 뜻이 있다고 봅니다.

이런 작업을 하는 가운데 드디어 의식 개혁이 찾아왔습니다. '인간은 역시 착실하게 살아야 한다.' 아니, 웃지 말아 주세요. 농담이 아니라 정말로 이렇게 생각했습니다. 회사 경영이 뭘까, 마지막의 마지막까지 해야만 하는 일이 영수증 입력이 아닐까 싶었어요. 저는 겨우 마음을 고쳐먹었습니다. 그리고 겐론을 계속 한다는 것은 이렇게 각오하는 것이라고 깨달았어요.

저는 사회인으로서 제대로 된 경험을 해 보지 않은 채 젊을 때 유명해졌습니다. 그래서 잘난 척하는 태도로 사회와 마주해 왔습니다. 그 한계를 X씨의 지금 유용, A씨의 방만 경영, B씨의 도주로 미침내 깨달았습니다. 이때 제가 마흔세 살이었어요. 너무 늦게 깨달아서 부끄럽기 그지없습니다.

'경영의 신체'가 탄생하다

종이의 효용에 대해 조금 더 이야기하겠습니다. 회사의 실태는 결국 돈입니다. 돈은 기호이고 숫자죠. 그런데 경영을 하려면 이 숫자의 흐름을 어느 정도 몸으로 파악해야만 합니다. 입출금이 언제 얼마나 되었는가 하는 정보를 하나하나 엑셀을 검색해서 보고하는 식으로는 경영할 수 없어요. B 씨가 바로 이런 경우였습니다.

제가 영수증을 입력하고 보관 파일을 만들 때 생각한 것은 '경영의 신체'가 디지털 정보만으로는 생겨나기 어렵다는 사실입니다. 종이 서류를 인쇄해서 파일에 넣고 책꽂이에 꽂으면 정보가 사무실에서 특정 장소를 차지하기 때문에 모두가 몸으로 파악하기 쉬워요.

저는 이때 처음으로 돈의 흐름뿐만 아니라 겐론 전체를 제대로 파악할 수 있었던 것 같습니다. 겐론카페의 경우 어떤 전선이 어디에 어떻게 연결되어 있으며 무엇에 쓰이는지 배선까지 알 만큼 완전히 파악했습니다. 업자의 청구서도 세세한 부분까지 다 확인했습니다. 귀찮은 일을 남에게 맡기지 않고 겐론에 관한 거라면 무엇을 물어도 대답할 수 있는 상태가 됐습니다.

회사를 경영하려면 이런 단계를 꼭 거쳐야 합니다. X씨, A씨, B씨 등을 통해 계속 문제가 일어난 것은 결국 제가 '일을 남에게 맡긴다는 것'이 어떤 뜻인지를 몰랐기 때문입니다. 일을 남에게 맡기려면 그 일을 현장에서 한 번이라도 경험해 둬야 합니다. 그러지 않으면 뭘 맡기는지도 잘 모른 채로 그저 맡기고만 있게 되기 때문입니다. 그건 사실 맡기는 게 아니죠. 그냥 보고 싶지 않은 것을 보지 않으려 하고 귀찮은 일에서 눈을 돌리고 있을 따름입니다. '맡기는' 것과 '눈을 돌리는' 것은 근본적으로 다르지요. 이런 이야기가 실무 경험이 있는 사람에게는 당연하지 않냐 싶겠지만, 그때까지 대학이나 출판이라는 특수한 공간에 있던 저에게는 큰 발견이었습니다. 그래서 겐론은 2012년부터 2015년에 이르는 장기 경영 위기에 빠졌습니다. 특히 2013년부터 2014년까지가 힘들었어요.

하지만 이때야말로 진정한 창업의 시기이기도 했습니다. 실제로 이때 겐론이 출판사의 틀을 넘어 겐론카페와 겐론스쿨이라는 새로운 사업의 기둥을 손에 넣게 됩니다. 그리고 이것이 제 철학에도 영향을 줍니다. 다음 장에서는 이런 일들이 어떻게 전개되었는지에 대해 이야기하겠습니다.

1장
시작

2장
좌절

3장
사람이 모이는 곳

4장
친구도 아니고 적도 아닌

5장
재출발

6장
새로운 계몽으로

뜻밖의 구세주

겐론카페의 탄생 비화

겐론이 경영 위기에 빠진 2013년부터 2014년 사이에 망하지 않은 것은 겐론카페가 있었기 때문입니다.

앞 장에서 살펴본 것처럼 이 시기 겐론은 직원을 대폭 줄이고 출판을 거의 그만두고 있었습니다. 친구의 모임 회보만 발행하고 있었는데, 이런 상태로는 회원 수도 회비 수입도 늘지 않았습니다. 나중에 그래프로 볼 텐데(5장), 이 시기 친구의 모임 회원이 2500명 정도에서 1800명으로 순식간에 30퍼센트 가까이 줄었습니다. 겐론의 사회적 활동이 갑자기 둔해진 것처럼 보였겠지요.

이런 가운데 겐론카페가 유일하게 매출이 늘고 있었

습니다. 그 뒤에도 매출이 계속 늘어 지금은 겐론 사업의 중심이 되었습니다. 이 책의 독자 가운데 겐론의 책은 읽은 적이 없어도 겐론카페의 방송은 본 사람이 있을지도 모르겠습니다.

겐론카페는 도쿄 고탄다에 있는 이벤트 공간으로서 2013년 2월에 처음 문을 열었습니다. 한 달에 6회에서 10회 정도 토크 콘서트를 열고, 그 실황을 인터넷으로 방송합니다. 코로나 사태 때는 관객 없이 스트리밍만 했지만, 원래 출연자와 손님들의 '밀접한' 교류가 매출에 영향을 주었습니다. 제가 늘 출연하지는 않고 다방면의 토크 콘서트를 기획했습니다. (최근 저는 기껏해야 월 1, 2회 출연합니다.) 전국적으로 유명한 사람부터 무명의 신인까지 정말 다양한 사람이 게스트로 출연했습니다. '일본 최강의 토크 스페이스'라고 광고했는데, 결코 지나친 말이 아니라고 자부합니다.

겐론카페가 겐론을 위기에서 구한 것이 어떤 의미에서는 아주 역설적입니다. 앞서 본 것처럼 이 카페는 A씨의 '무계획성'이 없었다면 실현되지 않았을 테니 말입니다. 겐론카페에 관한 아이디어는 제가 생각했습니다. 하지만 저 혼자였다면 2013년에 문을 열 수 없었을 겁니다.

이름은 카페지만 실제로 음식은 거의 팔지 않습니다. 그래도 알코올이나 소프트드링크를 제공하기 때문에 식품위

생법상 신고서가 반드시 필요합니다. 소방법에 따른 신고서도 있어야 합니다. 가게를 열려면 부동산을 찾는 것뿐만 아니라 인테리어 공사, 집기나 가구 선택부터 앞서 말한 신고서 제출까지 귀찮은 잡무가 많습니다. 이 시기에 이미 겐론에는 자금이 없었기 때문에 냉정하게 생각하면 카페 같은 걸 열 처지가 아니었어요. 떠들썩한 분위기를 좋아하는 A씨 때문에 겐론카페가 생길 수 있었죠. 물론 그 뒤로 점점 경영이 나빠졌지만요.

겐론카페 개업 자체에 대한 A씨의 공로를 부정할 수 없지만 개업 이후 수익성은 A씨의 계획과 전혀 달랐습니다. 앞 장에서도 잠깐 이야기했는데 A씨는 카페 경영에 너무 큰 꿈을 품어서 낮에는 공유 사무실, 밤에는 음식도 잘 나오는 세련된 행사 공간 겸 바 같은 형태를 목표로 삼았습니다. 그리고 실제로 임시 직원을 고용해 고탄다 역전에서 광고지를 나눠 주거나 자신이 DJ가 되어 음악을 틀기도 했는데, 이렇게 어설픈 방법으로는 손님이 올 리가 없지요. A씨가 재직하는 동안 매출이 떨어지기만 해서 골치가 아팠습니다.

A씨가 퇴사한 뒤로 겐론카페가 크게 달라졌습니다. 여러 시행착오 끝에 공간의 성격을 바꿔 행사를 니코니코생방송을 통해 유료 스트리밍하기로 했습니다. 자세한 경위는 나중에 이야기할 텐데, 이것이 대성공이었습니다. 현재 겐론

카페 매출은 대부분 방송 수익입니다. 코로나 사태 이후에는 필연적으로 방송 수익이 100퍼센트고, 그 전에도 3분의 2가 방송에 따른 매출이었습니다.

겐론카페의 생방송 요금은 1회에 1,000엔이며 재방송은 500엔으로 정했습니다. 지금은 겐론이 니코니코생방송뿐만 아니라 비메오Vimeo 같은 동영상 판매 플랫폼도 이용하는데, 이런 곳에서도 가격은 거의 같습니다. 결코 싼 요금이 아니고, 특히 2013년에는 인터넷 동영상 시청에 돈을 내는 방식이 거의 뿌리내리지 않았습니다. 그래서 동영상이 팔릴 리 없다는 말을 곧잘 들었고, 방송을 하면 오프라인 카페에는 손님이 안 오지 않을까 하는 걱정도 있었습니다.

토크가 길어진다는 수수께끼

결과적으로 그건 기우였습니다. 방송 매출이 순조롭게 늘었고, 행사를 보러 오는 손님도 줄지 않았습니다. 2014년 무렵부터는 방송을 보러 또는 그냥 한번 카페에 왔다가 재미있어서 방송을 구매하는 선순환이 생겼습니다.

이렇게 된 이유 가운데 하나는 겐론카페의 토크가 '길다'는 점이라고 생각합니다. 겐론카페의 토크는 실질적으로 시간제한이 없습니다. 일단 티켓 판매 사이트나 방송 홈페이지에는 두 시간이나 두 시간 반이라고 적지만, 진행자와 게스트가 원하는 만큼 이야기할 수 있습니다. 실제로 대부분의 행사가 예정 종료 시간을 넘어 계속되고, 다음 날까지 이어지기도 합니다. 처음에는 전철이 끊겼다며 불만이 나왔지만, 지금은 손님들이 모두 이런 사실을 압니다. 그래서 카페에 왔다가 행사 중에 돌아가야 해서 그 뒤는 방송으로 본다거나, 거꾸로 방송의 열기를 보고 카페에 오고 싶어진다든가 하는 상호작용이 있습니다. 시간제한이 없다는 사실이 겐론카페의 '특별함'을 더해 줍니다.

지금은 시간 무제한이 겐론카페의 정체성이 됐지만 처음부터 이렇게 작정하진 않았습니다. 오히려 처음에는 행사가 끝나면 뒤풀이로 게스트와 관계자와 관객이 담소하는 공간을 만들려고 했습니다. 행사가 저녁 7시부터 시작돼 9시쯤 끝나니까 그 뒤 두세 시간 동안 술이라도 마시면서 같이 이야기할 공간이 있으면 좋겠다는 생각이었죠. 그런데 실제로 행사를 열어 보니 뒤풀이가 제구실을 못했어요. 일본인의 의사소통 습성 때문인지, 관객들은 게스트와 이야기하기보다는 조금 떨어져서 게스트와 관계자를 둘러싸고 그들의 이야기를 가만히 듣기만 했습니다. 이럴 거라면 단상에서 계속 이야기하는 편이 낫겠다 싶은 경우가 많아서 본방송 자체가 점점 더 길어졌습니다.

그리고 실제로 이렇게 해 보니 많은 출연자가 이야기

를 길게 하고 싶어 한다는 사실을 알았습니다. 다들 처음에는 겐론카페 토크는 시간이 길다며 주저하지만, 일단 토크를 시작하면 시간 가는 줄 모르고 계속 이야기해요. 거꾸로 겐론카페 토크에 거듭 출연하다 보면 일반적인 두 시간 토크쇼가 아쉽게 느껴지는 모양입니다. 분명 세 명 정도가 모여 이야기하는데 두 시간밖에 없다면 저마다 가진 주제를 확인만 하고 끝나겠죠. 이야기가 '전개되는' 데까지 가지 않아요. 그런데 세 시간이든 네 시간이든 게스트와 관계자가 아무렇지도 않게 이야기하고 관객도 호응합니다. 이것은 겐론카페를 하기 전에는 예상하지 못했고, 그 의미를 지금까지도 늘 생각하고 있습니다.

한편 시간제한이 없는 행사는 운영자 측에도 힘든 일입니다. 행사가 언제 끝날지 모른다는 것이 직원에게 상당한 부담을 줍니다. 막차를 놓치면 집에 돌아가지 못하는 직원도 있지요. 우리도 처음에는 갖가지 시행착오를 겪었습니다. 지금은 휴식 시간을 제대로 갖고, 심야 근무 수당도 주고, 개선점을 고민하면서 극복하지만 일반적으로는 할 수 없는 일이겠지요.

'오배송'이 넘쳐 나다

저는 가끔 의사소통에는 '오배송〔誤配〕'•이 중요하다고 말합니다. 자신의 메시지가 본래 전달되어야 하는 사람이 아닌 다른 사람에게 잘못 전달되어 버리는 것, 원래 몰라도 좋았을 것을 어쩌다 알게 되는 것. 이런 '사고(事故)'가 오늘날에는 위험이나 잡음으로 파악되기 일쑤인데, 저는 반대로 생각했습니다. 이런 사고, 즉 오배송이 바로 혁신이나 창조의 원천이라고 생각합니다.

겐론카페는 그야말로 이런 '오배송'을 위한 공간입니다. 진행자와 게스트가 오래 이야기합니다. 생각지 못한 것도 이야기하게 돼요. 관객끼리도 생각지 못하게 만나고요. 이런 가능성을 위해 만든 공간인데, 지금 돌이켜 보면 이 공간을 만든 과정 자체도 '오배송'이 넘치는 것 같습니다. 앞서 이야기했듯 겐론카페는 애초에 A씨가 없었으면 만들어질 수 없었습니다. 동영상 스트리밍도, 시간제한이 없는 토크 콘서트도 처음에는 생각하지 않았죠. 다 '우연'의 연속이 만들었습니다.

처음부터 동영상 스트리밍을 위한 스튜디오로 겐론카

- 이 개념이 대체로 한자를 그대로 읽은 '오배'로 번역된다. '오배'와 '오배송'이 모두 한국어 사전에 없으며 일본어 '오배'도 많은 사전에 실린 단어가 아니다. 쇼가쿠칸에서 펴낸 『정선판 일본국어대사전(精選版 日本国語大辞典)』에 실려 있는 이 단어의 뜻은 '우편, 화물 등이 도착해야 할 곳이 아닌 다른 곳에 배달되는 것'이다. 이는 '오배송'으로 번역해도 무리가 없다. 독자가 '오배'보다 쉽게 이해할 수 있다고 판단해 이 책에서는 '오배송'으로 했다.

페를 만들었다면 결코 지금과 같은 공간이 되지 않았을 거예요. 프로그램도 시간에 딱 맞춰 시작하고 시간에 맞춰 끝내는, 일반적인 토크 콘서트가 되었을 거라고 생각합니다. 그렇게는 절대로 성공하지 못했을 거예요. 신기한 일이지요. 코로나 사태로 다양한 행사를 스트리밍하게 되었고, 그 선구적인 예로 겐론카페가 언급될 때가 있습니다. 하지만 당사자로서는 이렇게 '우연히' '생각지도 못한 형태'를 받아들인 것이 겐론카페가 성공한 이유가 아닌가 싶어서 위화감이 조금 듭니다. 이것은 코로나 사태 때문에 지향하게 된, '온라인으로 효율성 있게 일하자'는 정신과 정반대니까요.

좋아하는 것을 마음껏 이야기하는 곳

2014년에 또 다른 '오배송'이 있었습니다. 저와 오래전부터 친분을 쌓은 한 세대 아래의 미술평론가 구로세 요헤이(黒瀬陽平) 씨가 기획한 '포스트 슈퍼플랫* 예술 학교'라는 연속 강좌를 연 겁니다. 구로세 씨가 이때는 지금만큼 알려지지 않아서 총 15회 수업에 (세금 빼고) 4만 5,000엔이라는 파격적인 수업료를 정했습니다. 그랬더니 엄청난 호평을 받아 인터넷에서도 큰 화제가 됐습니다.

무엇보다 강사분들이 정말로 열심히 해 주셔서 놀랐

* 일본의 포스트모더니즘 미술 사조로 만화와 애니메이션의 영향을 받았다.

습니다. 구로세 씨뿐만 아니라 모든 게스트 강사분들이 돈과 상관없이 열정적으로 참여해 주셨어요. 수강생도 그 열정의 영향을 받아 더 열의를 갖게 됐고요. 이런 상황을 눈으로 보면서 '아, 겐론카페와 비슷하다.' 하고 생각했습니다.

앞서 이야기했듯이 겐론카페에 오면 많은 게스트분들이 기꺼이 세 시간이고 네 시간이고 이야기해요. 그 모습을 보면서 생각한 게 지금 사회에는 학자와 창작자가 좋아하는 것을 마음껏 이야기할 곳도, 청중이 이를 마음껏 들을 곳도 없다는 사실입니다. 지금 대학은 괴롭힘 방지에 바쁘고 학생의 불만에 민감하기 때문에 긴 시간 사적인 대화를 나누는 세미나를 열기가 어렵다고 들었어요. 겐론카페에서는 과도한 배려가 필요하지 않아요. 그래서 다들 겐론카페에 오면 자꾸자꾸 이야기를 하지요.

이와 비슷한 가능성을 포스트 슈퍼플랫 예술 학교의 성공에서 느꼈습니다. 겐론은 공적인 기관이 아닙니다. 국가나 지자체의 보조금을 받지 않아요. 제가 좋아서 하는 작은 기업입니다. 그래서 거꾸로 윤리와 규범을 따르느라 경직된 대학에서 할 수 없는, 강사와 수강생의 거리가 가까운 교육을 할 수 있지 않나 싶어요.

이런 점 때문에 구로세 씨와 의논해 이듬해인 2015년에 '신예술교(新藝術校)'라는, 한 해 동안 진행되는 예술 학교

를 시작하기로 했습니다. 같은 해에 비평가 사사키 아쓰시(佐々木敦) 씨에게 전임강사를 부탁해서 '비평 재생 학원(批評再生學院)'을 시작하고 2016년에는 번역가 오모리 노조미(大森望) 씨에게 전임을 부탁한 'SF 창작 강좌'를, 2017년에는 만화가 니시지마 다이스케(西島大介) 씨와 비평가 사야와카(さやわか) 씨를 전임강사로 (현재는 사야와카 씨 단독으로) '번뜩이는 ☆ 만화 교실(ひらめき☆マンガ教室)'을 개설하는 등 겐론스쿨의 시도가 점점 확장되었습니다. 비평 재생 학원은 2018년에 폐강했지만 다른 세 강의는 지금까지 이어지며 겐론의 경영을 뒷받침하는 큰 기둥으로 성장했습니다. 졸업생 가운데 각 분야의 맨 앞에서 활약하는 사람도 나왔습니다. 포스트 슈퍼플랫 예술 학교를 시작할 때는 예상하지 못한 전개입니다.

겐론은 원래 젊은 논객이 모이는 출판사를 목표로 문을 열었습니다. 그런데 어느새 젊은 논객은 없어지고 출판도 암초에 부딪혔죠. 그런 겐론을 구해 준 것이 카페와 스쿨이라는 '오배송'으로 생긴 두 사업입니다. 이런 일을 겪으면서 저는 겐론이 결코 제 철학을 전달하기 위한 매체가 아니며 그 자체가 제 철학의 표현인 것을 깨달았습니다.

겐론카페

니코니코동영상이라는 파트너

겐론카페 이야기로 돌아가지요. 겐론카페를 연 동기 가운데 하나는 저 자신이 등단 이래 저자로서 신간 출판 기념 행사를 경험하면서 불만을 느꼈기 때문입니다. 대개 서점 행사는 몇 시 정각부터 60분이나 90분 동안 대담을 진행하고, 사인회를 열고, 철수한 뒤에 편집자나 관계자와 술을 마시며 끝내는 식입니다. 사실 이런 자리에서 저자가 정말로 이야기를 나눠야 하는 사람은 찾아와 준 독자일 겁니다. 편집자와는 언제라도 만날 수 있으니까요.

행사 참가비는 신간 광고라는 이유로 무료거나 기껏해야 1,000엔 정도고 저자에 대한 사례가 없는 경우마저 있어요. 게다가 이러는데도 사람이 모이지 않아요. 전체적으로 엉성하다는 생각이 들어서 아쉬웠습니다. 저는 예전부터 이런 행사의 잠재력을 높이고 제대로 된 콘텐츠로 만들어서 광고하면 사람이 모이고 돈도 받을 수 있을 거라고 생각했습니다. 또 저자나 게스트가 어중간한 사인회보다는 독자와 교류할 기회를 좋아할 거라고 생각했습니다. 그래서 카페를 만들었어요.

동영상 스트리밍을 시작한 뒤로는 다른 서점 행사도 방송을 하면 좋겠다는 생각입니다. 특히 신간 행사 같은 것은 광고라서, 현장에 온 수십 명에게 사인을 해 줘도 별 효과가 없다는 걸 알아요. 제가 서점 관계자를 만나면 항상 방송을 권하는데, 코로나 사태 전까지는 다들 반응이 차가웠죠. 책과 관계된 일을 하는 사람은 영상이나 인터넷에 대해 지나치게 방어적이라서 기회를 놓친다는 느낌이 듭니다.

겐론카페를 여는 데 계기가 또 있었습니다. 앞서 잠깐 이야기했는데, 겐론을 시작할 무렵에는 드완고가 '니코논단'이라는 기획에 힘을 기울이고 있었습니다. 니코니코동영상에서 새로운 논단을 만들자는 야심 찬 시도였습니다. 결국 잘 풀리지 않아 흐지부지되고 말았지만 그때 제가 그 중심에 있다고 여겨졌습니다. 이 '니코논단'의 일부로 2011년 5월부터 2012년 9월까지 13회에 걸쳐 〈니코생사상지도(ニコ生思想地

図))라는 프로그램을 만들었지요. 니코니코생방송의 공식 프로그램으로서 겐론이 기획을 위탁받고 제가 게스트를 불러 대담하는 기획이었습니다. 이때는 아직 카페가 없었기 때문에 사무실 공간의 절반을 스튜디오 삼아 방송했습니다.

이 방송이 무료인 데다 게스트가 당시 도쿄도 부지사인 이노세 나오키 씨, 드완고 창업자인 가와카미 노부오(川上量生) 씨 등으로 화려했기 때문에 각 회 평균 3만 명 가까이 시청자를 모았습니다. 2011년 인터넷에서 시청자 수 3만 명은 상당했기 때문에 보람을 느꼈습니다.

이때 친구의 모임 회원을 모아 작은 객석을 만든 적이 있었습니다. 그랬더니 게스트와 관객이 모두 프로그램이 끝난 뒤에도 사무실에 남아 맥주를 마시면서 대화에 열중하는 광경이 펼쳐졌어요. 이 모습을 보고, 스튜디오를 따로 차리면 다들 좋아하지 않을까 하고 생각한 것이 겐론카페의 시작입니다. 〈니코생사상지도〉라는 프로그램을 한 달에 한 번 방송하는 것과 상설 이벤트 공간을 운영하는 건 전혀 다른 일이지만, 당시 저에게 이런 사실을 알 만한 경영 감각이 없었다는 건 지금까지 말한 바대로입니다.

가격이 뜻밖의 성공 요소

겐론카페의 입장료는 예매일 경우 2,700엔이고 당일

구매는 3,200엔입니다. 개업 때는 각각 2,500엔과 3,000엔이었어요. 모두 음료(알코올 포함) 한 잔이 포함된 가격입니다.

당시 제가 참고한 것은 서점 행사도, 대학의 시민 강좌나 문화센터도 아니고 대담 행사를 진행하는 라이브 하우스의 가격이었습니다. 앞에서 이야기한 것처럼 서점 행사는 너무 싸요. 대학의 시민 강좌는 무료고요. 다른 한편으로 문화센터는 너무 비싸죠. 문화센터는 수강을 거듭하는 고령자를 대상으로 하기 때문에 그런 가격에도 사람이 오겠지요. 우리는 고객층이 다르니 라이브 하우스가 맞겠다고 생각했습니다. 특히 신주쿠 가부키초의 로프트플러스원 이벤트는 저도 몇 번 출연했기 때문에 한 손에 술을 들고 관람하는 형식을 포함해 여러 가지를 참고했습니다. 2,500엔부터 3,000엔이라는 가격이 로프트플러스원을 참고한 겁니다.

한편 인터넷 방송 프로그램 1회 시청료는 800엔으로 했습니다. 세금이 올랐기 때문에 2015년 5월부터는 1,000엔으로 바꿨습니다. '겐론 완전 중계 채널' 무제한 시청 구독료는 월정액 9,800엔이었습니다. 이 요금은 소비세를 생각하지 않고 세금 포함 가격을 정한 바람에 그 뒤 세율 개정에 따라 이제 어중간하게 10,266엔이 됐습니다.

월정액 9,800엔이 당시 니코니코생방송에서는 이례적으로 비싼 경우라, 담당자가 우리를 위해 특별 처리까지 했습니다. 이 가격은 이벤트 1회 시청 가격 기준으로 역산해서 결정했습니다. 앞에서 이야기했듯이 원래 겐론카페는 이벤트 스트리밍을 생각하지 않았습니다. (정확히 하자면, 초기부터 스트리밍을 하기는 했습니다. 그런데 특별히 계약한 전국 몇몇 장소에 내보내는 것이었지 일반 이용자가 볼 수 있는 것이 아니었습니다.) 니코니코동영상에서 2013년 9월에 채널을 만들었습니다. 그래서 이때는 이벤트 1회 가격이 대체로 정해져 있었습니다. 지금보다 이벤트가 많던 때라 아무리 스트리밍이라고 해도 3,000엔이나 4,000엔으로 전부 시청할 수 있게 하면 안 되겠다고 생각했습니다. 월정액을 9,800엔으로 정한 이유입니다.

돌이켜 보면 이렇게 특별한 가격 설정이 겐론카페 성공의 가장 큰 원인이었습니다. 만약 처음부터 동영상 스트리밍 사이트를 만들었다면 월정액이 비싸 봤자 2,000엔이고 프로그램 1회 가격은 300엔 선에서 결정되었을 겁니다. 그럼 카페를 계속 할 수 없었을 테고 이벤트의 질도 보장할 수 없었겠죠. 겐론은 원래 출판사고 저는 인터넷 업계가 아닌 데서 일하던 사람이니 처음부터 인터넷 업계 밖을 기준으로 삼고 가격을 정할 수밖에 없었어요. 어떤 의미에서는 틀린 것이지만, 결국 이 결정이야말로 스트리밍 사업 성공의 기반이었습니다. 이것도 '오배송'의 예가 아닌가 싶습니다.

그리고 무엇보다 사람의 의식은 변합니다. 생방송을

보는 데 내는 1,000엔이 비싸다는 말을 많이 들었습니다. 하지만 최근 몇 년 사이에 그런 말은 쏙 들어가고, 코로나 사태 이후에는 오히려 싸다는 말까지 나왔습니다. 동영상 시청에 돈을 낸다는 관념 자체가 변한 거죠. 겐론카페가 이런 상황을 선취했습니다.

'사고(事故)'의 공간

겐론카페는 2013년부터 2014년까지 경영이 가장 힘든 시기에서 구해 준, 이른바 '구세주'였습니다. 계속 이야기하지만 그때 겐론카페가 없었다면 겐론은 분명 망했을 거예요. 정말 다행이었습니다.

하지만 애초에 방송을 전제로 하지 않았기에 우리는 기자재를 정비하는 데서부터 시작해야 했습니다. 처음에는 방송 전문 인력이 없어서 저와 우에다 씨가 직접 카메라를 사고 스위처(영상 믹서)를 설치하기도 했습니다. 지금은 전문 스태프가 있어서 제대로 된 전용 공간에서 스트리밍을 하고 조명 기자재도 갖췄지만, 니코니코생방송을 시작하던 때는 전부 엉망이라 사고가 잇따라 터졌습니다. 음료와 기자재가 함께 놓인 바 카운터에서 스트리밍을 했죠.

방송 중에 영상과 음성이 다 끊기고 복구가 안 돼 급기야 제가 단상에 올라가 옆에 있는 컴퓨터로 스트리밍한 사고가 기억납니다. HDMI 선이 잘 맞지 않아 문제가 생기는 바람에 우에다 씨가 아키하바라까지 선을 사러 갔어요. 카페에 관객이 있는 데다 1,000엔을 내고 방송을 구매한 사람도 수십 명이나 되니까요. 그나마 이때 관객들이 착해서 다 이해해 줬어요. 돌발 사고도 즐기는 분위기가 있었지요.

HDMI 선 때문에 정말 애를 많이 먹었습니다. HDMI는 규격을 맞추기가 까다로워서 해상도가 다르면 스위처가 인식하지 못하고, 5미터가 넘어가면 PC나 카메라의 출력부 전압에 따라 영상이 안 나오기도 하거든요. 선 자체도 하나하나 다른 면이 있었기 때문에 사고를 막기 위해 애썼습니다. '잘 모르겠지만 이 선하고 이 카메라가 잘 맞는 것 같으니까 이대로 고정해 보자.' 하는 마음으로 선마다 스티커를 붙이고, 파워포인트로 배선도를 만들기도 했습니다. 지금은 앞에 말한 것과 같은 사고가 1년에 한 번도 일어나지 않아요. 격세지감이 느껴지네요.

밑바닥에서 탈출하다

겐론카페의 매출 추이를 소개하지요. 세로축이 금액인데 구체적인 숫자는 밝히지 않겠습니다. 니코니코생방송과 비메오는 플랫폼상의 총매출이 아니라 겐론에 들어오는 금액을 나타냈습니다.

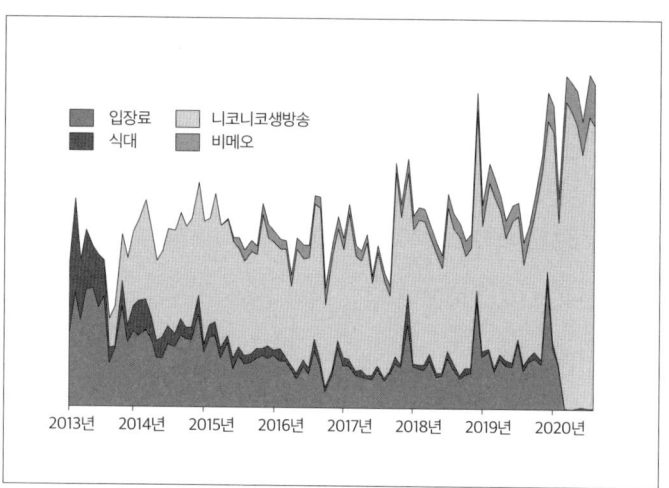

겐론카페 매출 내역 추이(2013년 2월~2020년 8월)

2016년과 2017년에 (이유를 곧 밝힐) 하강이 있지만 전반적 성장세가 보일 겁니다. 2013년 여름에 방침을 바꿔 니코니코생방송이 구세주가 되었다는 사실도 아실 테고요. 그때는 A씨의 방침 때문에 쓸데없이 음식 종류가 많았습니다. 타이 카레니 도리아니 여러 가지를 메뉴에 넣고, 겐론 로고를 눌러 찍은 '겐론카페 특제 핫도그'를 주력 상품으로 삼았습니다. 핫도그는 그때 초등학교 저학년이던 딸아이가 잘 먹어서 좋은 기억이 있습니다. 핫도그만큼은 언젠가 기회를 봐서 부활시키려고 하는데, 로고를 찍는 불도장을 친구의 모임 총회에서 경매로 팔아 버렸습니다.

2015년부터 얼마 동안 정체하고 2017년에 하강하는 듯 보이는데, 이건 사실 행사 수를 줄였기 때문입니다. 겐론 카페는 처음에 월 15회 정도 행사를 열었습니다. 하지만 계속 이렇게 하다가는 카페만 남는 회사가 될 것 같았습니다. 그럼 겐론의 목표와 어긋나기 때문에, 2015년에 스쿨을 시작하고 출판 사업에 다시 도전할 즈음 카페의 경영 방침을 조금 바꿨습니다. 구체적으로는 행사를 많이 열어서 매출을 확보하기보다는 행사의 질을 중시하고 한 회당 이익을 수치화하기로 했습니다.

실제로 2013년에 월평균 16회였던 행사를 2017년에는 6회까지 줄였습니다. 개업 초기에 관해 정확한 자료가 없지만, 2014년 행사의 평균 입장객 수가 47명입니다. 니코니코생방송의 (10월부터 12월까지) 평균 시청자 수는 174명입니다. 한 행사당 220명 정도가 봤다는 계산이 나옵니다. 그런데 2017년에는 평균 입장객 수가 59명, 니코니코생방송 평균 시청자 수가 283명까지 늘어납니다. 매회 거의 350명이 보는 데까지 상승했지요. 이것은 경영 면에서 큰 의미가 있습니다. 하지만 이벤트 수가 줄었기 때문에 전체 매출도 줄었지요.

2018년 이후에는 수익성을 유지하면서 회사 전체의 체력이 올라왔기 때문에, 이벤트 수를 다시 늘렸습니다. 결국 2019년에는 평균 입장객 수가 60명, 니코니코생방송 시청자 수가 313명으로 합계 370명 정도가 됐습니다. 지금까지 말한 시청자 수는 개별 프로그램 구입자로, 월정액을 내는 회원은 들어가 있지 않기 때문에 실제로는 더 많은 사람이 행사를 봤습니다. 평균 400명 가까이 된다는 사실이 상당히 인상적이지요. 겐론카페에는 수십 명밖에 없어도 그 단상에서 하는 이야기는 작은 시민 회관에서 하는 강연에 맞먹는 영향력이 있습니다.

　　이 상승세가 코로나 사태 중에도 이어져 카페 재정의 손실을 메워 주었습니다. 2020년 2월 말에 무관객 운영을 결정하면서 시청자가 떠나 버릴까 봐 걱정했지만 그런 일은 없었습니다. 그래도 하루빨리 관객이 오면 좋겠다는 마음은 변함없습니다. 오프라인 공간과 인터넷 방송, 양쪽이 있어야만 겐론카페라고 할 수 있습니다.

　　수익률이 높아진 덕에 게스트들하고도 이익을 나눌 수 있게 되었습니다. 2017년부터 원래 출연료에 더해 시청자 수에 따른 인센티브(추가 보수)를 주기로 했습니다. 생방송 구매자 수가 100명, 500명, 1000명을 넘을 때마다 일정액을 통해 출연료를 단계적으로 올렸습니다. 자세한 금액을 말할 수는 없지만 출연료를 10만 엔 가까이 지불한 적도 있습니다. 최근 서점의 대담 행사는 출연료가 없는 경우도 적지 않은데, 겐론카페는 새로운 비즈니스 모델을 확립했다고 할 수 있겠

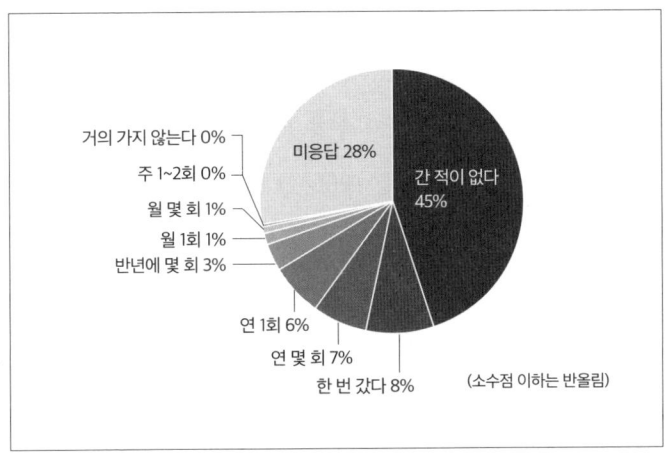

'친구의 모임' 회원의 겐론카페 이용 빈도 (2020년 9월)

습니다.

　마지막으로, 관객층에 대한 이야기를 좀 하겠습니다. 겐론카페 창업 초기에 온 손님 중에는 그야말로 제 독자나 겐론의 팬이 많아서 20대부터 40대 남성이 눈에 띄었지만 지금은 그렇지 않습니다. 연단에서 언뜻 보아도 관객이 다양해졌다는 것을 실감합니다. 근거 자료로 2020년 9월 16일 현재 친구의 모임 회원(3335명)을 대상으로 한 설문 조사 결과를 보여 드리겠습니다. 친구의 모임 회원이지만 카페에 한 번도 안 온 사람이 거의 절반입니다. 겐론카페의 관객과 겐론의 고객층이 별로 안 겹치는 거지요.

시청자가 1000명 넘는 행사

추가 보수 지급의 첫 단계를 100명으로 정한 데서 알 수 있듯이 처음에는 구매자 수가 100명을 넘는 경우가 드물었습니다. 하지만 최근에는 100명을 넘는 경우가 많습니다.

경영 면에서 중요한 게 시청자가 1000명 이상인 행사입니다. 그럼 소매 매출이 100만 엔이지요. 이게 다 우리 수입은 아니지만 분명히 큰 금액입니다. 예전에는 1000명을 넘기는 행사가 없었습니다. 처음으로 시청자 1000명을 넘긴 행사는 2016년 9월 21일에 열린 사회학자 미야다이 신지(宮台真司) 씨와 저의 대담입니다. 이때 사내에서는 난리가 났지요. 그런데 이제 한 달에 한 번은 꼭 1000명을 넘깁니다.

유명인이 출연한다거나 시사 문제를 다룬다고 해서 시청자 수를 늘릴 수 있는 것은 아닙니다. 뜻밖의 행사가 대박을 터뜨릴 때도 있습니다.

기억에 남는 것이 2017년 2월 1일에 (당시) 도쿄대학 교수 이시다 히데타카(石田英敬) 씨를 강사로 모시고 제가 청자가 된 '기호론' 강의입니다. 철학적이고 상당히 어려운 논의였는데, 거의 900명이 구입해 시청했습니다. 지금 일본에서 기호론에 대한 전문 서적을 출판한다면 2000부 판매를 장담할 수 없습니다. 이 절반쯤 되는 숫자의 사람들이 겐론의 방송을 돈 내고 봤다는 사실은 놀랄 만한 일이고, 거꾸로 기호론에는 거의 지식도 관심도 없었지만 겐론이니까 재미있을 것 같아서 봤다고 하는 사람이 많다면 그것 또한 대단한 일입니다.

이 행사는 매출이 높았을 뿐만 아니라 시청자로부터 큰 반향을 불러일으켜서 이어지는 강의를 2회 더 하고 최종적으로 『신기호론(新記號論)』(2019년 3월)이라는 책을 펴내며 정리하는 데까지 이르렀습니다. 게다가 이 책은 증쇄를 두 번이나 했습니다. 철학이나 현대사상 책이 안 팔린다지만 카페나 스트리밍을 잘 활용해서 폭넓은 독자층을 확보할 수도 있습니다. 제 첫 책이 철학책이었기 때문에, 겐론에서 이런 일을 할 수 있었다는 것이 무척 기쁩니다.

'생각한다'는 행위가 넘쳐흐르다

이 장 첫머리에서 '오배송'이라는 말을 썼습니다. 겐론카페가 '오배송'의 장 그 자체임은 지금까지 한 이야기로 잘 이해되지 않았을까 합니다. 겐론카페는 처음 문을 열기까지 오배송이 넘쳐 났고, 그 결과로 만들어진 공간도 오배송이 넘쳐흐릅니다. 다르게 말하자면, '쓸데없는' 의사소통이 집적되는 곳이라고 할 수 있습니다. 이시다 씨의 첫 강의는 다섯 시간을 넘겼습니다. 당연히 잡담투성이입니다. 하지만 이것이야말로 철학에 익숙하지 않은 사람들을 철학으로 끌어들이는 갈고리가 됩니다. 저는 이 잡담 시간을 아주 중요하게 봅니다.

이런 제 감각이 시대에 역행하는지도 모르겠습니다. 지금은 합리성이나 효율을 아주 중시하지요. 매력적이고 알기 쉬운 슬라이드를 이용해 팩트와 증거를 보이며 사회문제를 해결하는 스마트한 제안을 몇 분 만에 이야기합니다. 이런 커뮤니케이션이 격찬받지요. 학문도 정치도 마찬가지입니다. 자민당이 정권을 오랫동안 잡고 있어서 모두 잊어버렸는데, 2000년대에 '매니페스트 선거'라는 말이 유행한 적이 있습니다. 선거에서 각 정당은 제대로 정책을 내고, 유권자는 이를 잘 비교하며 살펴서 투표해야 한다는 내용입니다. 거기에는 인터넷에 기대하는 꿈이 겹쳐져 있었습니다. 정치인이 더 합리적이어야 하며 유권자도 더 합리적이어야 하고, 정보 기술을 통해 합리성이 점점 높아질 것이라는 신념이 있었습니다.

이 정신이 지금도 젊은 세대에게는 계속 살아남아 있습니다. 저보다 한 세대 아래인 평론가 오기우에 지키(荻上チキ) 씨가 진행하는 TBS 라디오 프로그램의 광고 문구에 '안다→이해한다→움직인다'라는 대목이 있는데, 이것이 그런 합리적인 정신 본연의 자세를 잘 나타냅니다. 올바른 것을 알고 제대로 이해하면 사회를 좋은 방향으로 움직일 수 있을 거라는 이상이지요.

지(知)의
관객
만들기

하지만 이 책 첫머리에서 말했듯이 저는 지난 10년 동안 이런 이상에 대해 아예 회의하게 됐습니다. 지진 이후 일본에서 '안다 → 이해한다 → 움직인다', 이 순서가 기능했을까요? 트럼프 대통령의 탄생은 어떤가요? 코로나 사태가 일어난 현재의 혼란은요? SNS에 정보가 늘면 늘수록 사람은 가짜 뉴스나 탈진실(Post-truth)에 쉽게 빠져들게 되며 '무엇이 합리적인가'를 둘러싸고 비합리적인 싸움을 할 뿐이지요. 이런 광경을 보면서 저는 '안다'와 '이해한다'와 '움직인다'만으로는 안 된다고 생각하게 됐습니다. 현실 사회의 문제는 복잡하고 긴 역사가 있거나 이해관계가 얽혀 있기도 해서 '알면 알수록 모르게 되는' 것이나 '알면 알수록 움직일 수 없게' 되는 것도 많아요. 이런 상황에 문제를 단순화해 억지로 사회를 움직이려 하면 도리어 상황이 악화되는 경우도 있지요. 사실은 '안다'와 '이해한다' 사이에 그리고 '이해한다'와 '움직인다' 사이에 '생각한다'라는 완충재가 필요합니다.

겐론카페가 중시하는 것이 바로 이 '생각한다'는 행위입니다. 사고(思考)는 오배송, 곧 잡담에서 생겨납니다. 그리고 쓸모없는 시간이 필요합니다. 사람은 대개 전혀 생각지도 못한 것을 계기로 '생각하기' 시작합니다. 이 계기가 겐론카페에서 세 시간이고 네 시간이고 이야기한 뒤에 게스트가 말한 아무것도 아닌 한마디일 수도 있는 거예요.

이런 쓸모없음이 TED(일본에서도 화제가 된 미국의 사회문제 제기형 회의)식 '슈퍼 프레젠테이션'이나 텔레비전, 라디오처럼 시간당 단가가 높은 매체에서는 원칙적으로 받아들여지지 않습니다. 합리적인 정보 전달보다 '생각한다'는 행위가 넘쳐흐르는 장이 바로 겐론카페입니다.

인기 있는 행사에 공통된 '열기'

이런 뜻에서 겐론카페 경영은 '비합리적인 것'과 계속 만나는 경험이기도 합니다. 앞서 기호론 강의에 사람이 많이 모인 게 의외였다고 했습니다. 왜 어떤 행사는 1000명이 넘게 모이고 다른 행사는 그렇게 안 되는지, 제가 나선 행사를 포함해 그 이유를 잘 모르겠습니다. 출연자에게 카리스마가 있는가 또는 없는가에 달렸나 싶기도 하지만, 이것은 같은 의문을 다른 식으로 말할 뿐이에요.

결국 행사나 출연자가 가진 '매력'의 실체를 잘 모르겠어요. 다만 1000명이 넘게 모였을 때는 뭐랄까, 어떤 '열기'가 인터넷에서 입소문을 타고 잔물결처럼 퍼져 나가며 생긴다는 건 경험으로 느끼죠. 그 정도 규모에서는 물결이 어디서 어떻게 퍼지는지를 저도 잘 몰라요.

겐론카페뿐만 아니라 겐론의 고객층도 저는 잘 모르겠습니다. 얼굴은 보입니다. 하지만 성별과 연령, 직업도 다양해서 어떤 사람들인지 잘 모르겠어요. 겐론을 창업할 무렵에는 단순해서 겐론의 지지자라면 아즈마 히로키의 독자인 게 어떤 면에서는 당연했죠. 하지만 지금은 그렇지 않아요. 저는 10년 전쯤에 매체에 많이 나가고 유명했다고 생각하는데, 독자나 지지자는 훨씬 단조로웠어요. 주로 저와 동년배거나 아래 나이에, 인터넷과 서브컬처를 잘 알고 학력이 높은 남성이었죠. 이게 지금은 크게 바뀌고 있습니다. 왜 겐론이나 아즈마 히로키라는 이름에 다다랐는지 잘 알 수 없는 손님이 참 많아요.

    코로나가 유행하기 시작하고 겐론카페에서 관객을 받지 않기로 결정한 3월, 캠페인 상품을 발매했습니다. 캠페인이라도 단순히 돈만 받는 게 아니라 상당액의 상품을 판매하고 한 사람 한 사람에게 감사 메시지를 보냈습니다. 편지에 사인을 하다가 깨달았는데, 여성의 이름이 30퍼센트 가까이 됐습니다. 관객이 확실히 다양해졌어요. 새로운 지지자는 대부분 제 책을 읽은 적이 없고 겐론을 아즈마 히로키가 창업했다는 사실도 의식하지 않으며 '뭔가 재미있는 일이 일어나는 곳', '잘 모르겠지만 열정적인 회사'라는 느낌에서 우리를 응원해 주는지도 모르겠습니다. 창업 10주년을 맞은 지금, 이제야 겨우 '겐론'과 '겐론카페'가 아즈마 히로키라는 이름보다 커지는 징조가 보였습니다.

겐론은 저를 뛰어넘어 성장해야 합니다. 이것이야말로 2020년대의 목표입니다. 겐론카페 스트리밍 사업은 겐론을 위기에서 구해 주었고 지금도 계속 성장하고 있습니다. 하지만 아직 출연자로서 제가 주 수입원입니다. 이런 한계를 뛰어넘어 어떻게 겐론과 겐론카페를 진정한 의미의 플랫폼으로 바꿔 나갈지에 대한 구상은 마지막 장에서 이야기하겠습니다.

겐론스쿨

'신예술교'와 '비평 재생 학원'의 개강

겐론스쿨도 빼놓을 수 없는 사업입니다. 앞서 말했듯이 2014년에 시험적으로 연 연속 강좌 '포스트 슈퍼플랫 예술 학교'의 평판이 좋았기 때문에 이듬해 4월에 새로운 학교를 열었습니다. 바로 '겐론 카오스*라운지 신예술교'입니다. '카오스*라운지'는 구로세 씨가 대표인 젊은 미술가 집단으로서, 겐론이 주재한 새 강좌의 감수를 맡았습니다.

이 강의가 나중에는 규모를 조금 줄이지만 상당히 본격적인 예술 학교로 출발해, 첫해인 2015년에는 '봄 학기'와 '가을 학기'로 나누어 1년 치 프로그램을 짰습니다. 강의와 워크숍을 반복하고, 연말에는 겐론카페를 모두 빌려 전시회를 여는 등 다채로운 내용이었습니다. 구로세 씨와 저와 우에다 씨가 의논해 가며 프로그램의 주제와 초빙 강사의 면면을 정했습니다. 수업 시수가 무척 많았기 때문에 1년 수업료는 40만 엔 정도로 정했습니다. 내용은 자신 있었습니다. 겐론으로서는 첫 사업입니다. 하지만 이때 경영이 위기였기 때문에 광고비를 최소한으로 쓸 수밖에 없었죠. 일단 웹사이트를 공들여 만든 다음 『미술수첩(美術手帖)』●에 광고를 내는 정도였습니다. 덧붙여 말하자면, 『미술수첩』의 광고비가 꽤 높아서 광고를 내기로 결정했을 때 긴장한 기억이 납니다. 『미술수첩』에서 도와주신 일이 더 있었기 때문에 구로세 씨와 편집부까지 가서 인사했습니다. '신예술교'라는 이름은 분명 이때 돌아오는 길에 요쓰야 역 근처 찻집에서 정했습니다.

그런데 뚜껑을 열어 보니 봄 학기 정원 30명이 다 채워졌고, 두 학기 다 신청한 사람이 대부분이었습니다. 그때는 돈이 없었기 때문에 1,000만 엔이 넘는 현금 수입의 영향이 컸습니다. 수강생은 젊은 미대생이나 전문학교 학생뿐만 아니라 나이와 직업이 정말 다양한 사람들이었고, 모집 광고를 보고 겐론의 이름을 처음 알았다는 경우가 꽤 있어서 놀라웠습니다. 겐론스쿨 사업이 겐론을 바꿀지도 모른다고 생각했습니다.

● 일본을 대표하는 미술 전문 잡지로 1948년에 창간했다.

이로부터 2개월 뒤에는 '겐론 사사키 아쓰시 비평 재생 학원'이라는 강의도 시작했습니다. 이 기획은 비평가 사사키 아쓰시 씨가 제안했습니다. 사사키 아쓰시 씨가 오랫동안 하던 '비평가 양성 깁스'라는 강의를 마친다고 했습니다. 그래서 겐론이 예술 학교를 하고 있으니 비평 학교도 열자고 제안했습니다. 원래 저 자신이 비평가인 데다 겐론의 다른 활동과 잘 어울리는 것 같아 꼭 해 달라고 이야기했습니다.

유미사시 간지가 그린 악과 죽음

신예술교 1기생은 개성적인 면면으로 기억나는 게 많은데, 특히 유미사시 간지(弓指寬治)에 대해 말하고 싶습니다. 유미사시는 신예술교 1기에서 최우수상(금상)을 받았습니다. 그 뒤에도 계속 활약해 2018년에는 제21회 오카모토 다로 현대 예술상에서 오카모토 도시코상을 받았고, 쓰다 다이스케 씨가 예술감독을 맡은 아이치 트리엔날레 2019에서는 〈빛날 수 있는 어린이(輝けるこども)〉라는 작품을 발표해 화제가 되었습니다.

유미사시는 매력적인 회화를 할뿐만 아니라 제 철학적 관심(악과 가해의 문제)에 아주 가까운 문제를 계속 다뤄, 이 점에서도 주목하고 있습니다. 〈빛날 수 있는 어린이〉는 2011년에 일어난 '가누마시 크레인 폭주 사고●'를 제재로 삼아, 희

생된 초등학생들의 유족 및 가해자 측 친척과 연락해 아주 섬세한 작품을 만들었습니다. 정치나 언론 보도의 언어는 아무래도 가해자와 피해자를 대립시키게 마련인데, 이런 대립을 예술의 힘으로 뒤흔든다는 어려운 과제에 가장 진지하게 임하는 작가로 꼽을 수 있다고 생각합니다.

이런 유미사시 간지가 신예술교에 다닐 때 큰 사건이 일어났습니다. 그 자신이 공적인 장에서 밝힌 사실이라 여기서도 이야기하는데, 유미사시의 어머니가 교통사고를 당하고 후유증을 걱정하다 자살한 겁니다. 이 사건이 계기가 되어 유미사시는 작풍을 완전히 바꾸고 자살과 사고, 죽음을 주제로 한 창작 활동을 시작했습니다. 그리고 이런 유미사시의 변화가 예술 학교 전체에 영향을 미쳤습니다. 유미사시가 여름까지는 여러 학생 가운데 한 사람이었는데, 어느 때부터인가 학교에 나오지 않았어요. 왜 그러냐고 물었더니 어머니가 돌아가셨다고 했지요. 그 뒤 학교로 돌아왔지만 분위기와 작품이 그 전과 전혀 달라졌습니다.

그리고 이 변화가 클래스 전체에 전파되어 학생들 사이의 관계를 변화시켰어요. 뭐랄까, 클래스에서 커뮤니티로 변했다고나 할까요. 이런 변화가 결국 각 작품의 힘도 높여서

- 도치기현 가누마시에서 뇌전증을 앓던 남자가 크레인 차를 운전하던 중 일어난 발작으로 초등학생 여섯 명을 사망하게 한 사건이다.

신예술교 제1기 작품 전시회는 심사 위원인 아사다 아키라(浅田彰)˙씨로부터 높은 평가를 받은 데다 트위터의 입소문을 통해 화제가 되어 이름 없는 시민 강좌 수강생들의 전시회인데도 저명한 선생님과 미술평론가 들이 많이 보러 와 주셨습니다.

　이 일을 겪으면서 겐론의 강점이 바로 이런 관계를 만들 수 있다는 것이라고 다시금 생각했습니다. 신예술교 제1기의 경험은 지금까지 이어지는 교육 사업 전체를 떠받치는 기둥입니다.

스쿨의 가치는 교실 밖에 있다

　앞에서 '커뮤니티'라는 말을 썼습니다. 일반 학원 또는 더블 스쿨˙˙에서는 어디까지나 수업, 즉 '지식이나 기술의 전달'을 중시하며 그 밖의 것은 지원 대상이 아닙니다. 최근에는 코로나 때문에 대학교수도 수업만이 중요하다고 말하게 됐습니다. 하지만 겐론에서는 그렇게 생각하지 않습니다. 수업에서 분리된 강사와 학생의 관계가 있어야 비로소 수업이

- 　비평가. 1983년에 펴낸 베스트셀러 『구조와 힘(構造と力)』으로 널리 알려졌으며 가라타니 고진(柄谷行人)과 잡지 『비평공간(批評空間)』의 편집위원을 맡기도 했다.
- ●● 　대학생이 특기나 자격증을 갖기 위해 학교 수업과 별도로 학원 같은 교육기관에 다니는 것을 가리킨다.

힘을 발휘한다고 생각합니다.

이를 보여 주는 대표적인 예가 술자리입니다. 요즘 술자리는 그다지 좋게 생각되지 않죠. 그러니 겐론의 방향은 다시금 시대와 역행하는데, 신예술교뿐만 아니라 겐론스쿨이 잦은 술자리로 유명합니다. 지금은 코로나 사태 때문에 무리지만, 원래 수업 후에 툭하면 다들 술 마시러 갔습니다. 강사도 함께할 때가 많고, 때로는 논의가 밤을 새워 이어집니다. SF 창작 강좌나 만화 교실이라면 선배가 와서 후배의 작품을 두고 강평하기도 합니다. 이렇게 끈끈한 공동체가 있다는 것이 겐론의 강점입니다.

저도 가끔 얼굴을 내미는데, 이런 자리에서 펼쳐지는 의사소통을 보면 역시 사람들이 물리적인 공간을 공유하는 게 중요함을 절실히 느낍니다. 온라인에서 대화하다 보면 다툼으로 번지기 쉬운 문제도 물리적으로 가까운 장소에서는 선뜻 말할 수 있고, 이런 말을 해도 상대방이 그다지 상처 입지 않을 수 있습니다.

그렇다고 해서 괴롭힘을 허용한다는 뜻이 아닙니다. 하지만 앞에 말한 차이는 단적인 사실로서, 저는 만나지 않아도 본질적인 의사소통이 가능하다는 것이 현실을 보지 않는 환상이라고 생각합니다. 그리고 그렇게 '적당히 서로 상처를 줄 수 있는' 의사소통 환경이 작품 지도나 수강생 사이에서 일어나는 절차탁마에 절대적으로 필요합니다. 이것을 교실만으로는 제공할 수 없습니다.

물론 겐론이 회사로서 할 수 있는 일은 한계가 분명합니다. 당연한 얘기지만, 겐론스쿨의 프로그램에는 술자리가 없습니다. 이것은 어디까지나 학생이 자발적으로, 수업과 '관계없이' 만들어 냅니다. 그런데 이 '관계없는' 것이야말로 겐론스쿨의 본질을 뒷받침하고 있습니다. 그래서 술자리를 갖는 것을 막지 않아요. 즉 겐론은 술자리에 대해 책임이 있는 듯 없는 듯한 태도를 보입니다. 이 어중간함이야말로 지금 대학에서는 유지할 수 없게 된 것 같습니다. 사실 대학교수들도 강의뿐만 아니라 학생이 술자리를 통해 만드는 친밀한 커뮤니티가 교육에서 중요함을 알고 있을 겁니다. 그럼에도 지금 대학에서는 이런 친밀을 위험 요소로 생각하지요. 문제가 생겼을 때 전부 대학의 문제로 보고 대응해야 하니까요.

다시 말하지만, 제가 딱히 '술자리 의사소통'을 긍정하는 게 아닙니다. 저 자신이 1990년대에 신주쿠 골든가이에 있는, 문단 사람들이 자주 가는 바에 같이 갔다가 마초적이고 괴롭힘도 일어나는 공간에 진절머리를 냈습니다. 그런 분위기의 공유를 비판하는 건 옳은 일이에요. 하지만 물리적인 공간의 효용 그 자체까지 부정할 필요는 없어요. 부정해야 하는 것은 물리적인 공간에서 생겨나기 쉬운 권력을 이용한 괴롭

힘이나 성희롱이지, 사람이 얼굴을 맞대고 술을 마시며 나누는 대화의 긍정적인 가치는 아니죠. 이것은 이것대로 적극적으로 이용하면 됩니다.

커뮤니티를 만들고 학생들끼리 친해지면 문제도 생깁니다. 신예술교든 SF 창작 강좌든 만화 교실이든 겐론스쿨에 오는 많은 이들이 프로가 되고 싶어하니까, 서로 질투도 하고 꼬인 마음이나 원망을 품는 수강생도 적지 않아요. 그중에는 우리가 보기에 부당한 분노를 겐론에 드러내는 경우도 있어요. 하지만 최근에는 그 '귀찮은 인간관계'까지 포함하는 게 겐론카페라고 결론 내렸습니다. 앞에서 얘기한 말로는 이것 또한 '오배송'입니다. 교육은, 오배송의 위험 없이는 불가능합니다.

'관객'도 문화를 만든다

커뮤니티에는 다른 효용도 있습니다. 겐론스쿨에 오는 많은 사람이 프로가 되고 싶어 한다고 했는데, 현실적으로 프로가 될 수 있는 사람은 극소수입니다. 학생 대부분은 꿈을 이룰 수 없어요. 이것은 겐론스쿨만의 문제가 아닙니다. 교육 전반의 문제지요. 어떤 분야든 재능이 있고 좋아하는 것을 일로 삼을 수 있는 사람은 100명이나 200명 가운데 한 명꼴입니다. 더 적을지도 모르겠네요. 그런데도 100명, 200명에게 돈을 받는 것은 과연 무슨 의미일까요? 교육은, 한 걸음이라도 잘못 디디면 자기 계발류의 사기 행위가 될 위험성을 늘 안고 있습니다.

    이 문제에 교육자는 어떻게 대처해야 하는가? 겐론스쿨을 시작한 지 5년, 제가 찾아낸 답은 '커뮤니티를 만든다'입니다. (6장에서 더 상세히 이야기할 텐데) 다른 말로 하자면, 콘텐츠 제작자가 되는 길뿐만 아니라 '관객'이 되는 길을 준비하는 게 수강생에게 아주 중요해집니다. 작품을 발표하고 그렇게 해서 생활하는 프로가 되지 못한다면 작품을 감상하고 제작자를 응원하는 '관객'이 돼도 좋지 않을까 하는 겁니다.

    관객이 된다면 패배자가 되는 게 아니냐고 말하는 사람도 있겠지요. 하지만 그것은 틀린 생각입니다. 미술이든 SF든 만화든 상관없이 모든 문화가 관객 없이는 존재할 수 없습니다. 그리고 양질의 관객 없이는 성장할 수 없습니다. 일본의 경우 동인의 2차 창작과 상업 만화의 관계를 생각하면 이해하기 쉬울지도 모르겠습니다. 비유적으로 말해, 무대에서 춤추는 사람만 문화를 만드는 게 아니죠. 무대 아래, 즉 객석에서 춤을 보는 사람도 하나가 되어 문화를 만드는 것입니다. 객석에 계속 앉아 있는 사람을 키워 나가는 것도 교육이 할 큰일입니다.

    실은 오래전에 출판사도 이런 일을 했다고 생각합니

다. 소설이 작가를 키울 뿐만 아니라 독자도 키웠죠. 문예지도 독자와 함께 성장해 왔어요. 하지만 지금은 출판사가 팔리는 작가를 어디에선가 찾아내 한 방 크게 터뜨리는 데 몰두하는 것 같아요. 독자=관객을 키운다는 생각을 출판인이 잊어버리고 있지는 않을까요?

그래서 겐론에서는 재능 있는 창작자뿐만 아니라 그 사람을 뒷받침하는 비판적 관점이 있는 관객도 함께 키우고 싶다고 생각합니다. 물론 수강생들이 모두 관객이라는 사실에 만족한다고는 생각하지 않아요. 하지만 교육하는 가운데 '나는 재능이 없다.' 하고 시무룩해 있던 수강생이 '분명 나한테는 재능이 없을지 몰라도 주변에 재능 있는 사람이 많고, 그들과 함께 뭔가 활동해 보는 것도 재미있지 않을까?' 하고 느껴 준다면, 이것이야말로 미래로 이어진다고 생각합니다.

지금 사회에서는 모든 사람이 스타가 되고 싶어 합니다. 신자유주의와 SNS가 이런 경향을 가속화했죠. 하지만 이것은 이치에 맞지 않아요. 모두가 스타가 되는 건 있을 수 없는 일이니까요. 그러니 스타만이 문화를 만드는 게 아니라 실은 그 주변 공동체야말로 중요하다는 가치관을 더 넓혀 나갈 필요가 있습니다. 겐론스쿨을 하면서 이 '관객'의 문제도 겐론의 핵심이라고 생각하게 됐습니다.

오모리 노조미 씨의 사랑과 정열

오모리 노조미 씨가 전임강사를 맡은 'SF 창작 강좌' 이야기도 해야겠네요. 이 강좌는 2016년 4월에 시작했습니다. 겐론스쿨에서 성과를 가장 많이 내는 강좌라고 할 수 있을 겁니다. 2기 수강생인 다카오카 데쓰지(高丘哲次) 씨가 일본판타지노벨대상(2019)를 받았을 뿐만 아니라 여러 수강생과 졸업생 들이 메피스토상, 소겐SF단편상, 호시신이치상 등 많은 상을 획득했습니다. 상업적으로 등단한 수강생도 많아서, 강좌를 만든 지 4년밖에 안 됐지만 일본 SF의 등용문 가운데 하나로 여겨집니다. 정말 놀라운 일이에요.

어떻게 이렇게까지 성과가 나왔을까? 실제 교실 운영을 보면, 앞에서 이야기한 '커뮤니티' '관객'의 힘이 그야말로 유감없이 발휘된 것을 알 수 있습니다. 오모리 씨가 2020년에 쓴 개강 안내문 중 일부를 인용해 보겠습니다.

> 이것은 자발적인 과외활동에 들어가지만, 매달 강의가 끝난 뒤 술자리에서 아침까지 이야기를 나누는 수강생이 많습니다. 졸업생, 수강생이 뜻을 모아 합동 친목회도 열고 있습니다. 같은 목표를 향해 나아가는 동료와 정보를 나누는 것이 귀중한 자산이 되는 듯합니다.
>
> 다음 기 이후에도 이어질지는 몰라도 현재는 매달 제출하는

과제 작품을 전 수강생이 보고 강평하는 인터넷 라디오 방송 '달그렌 라디오'와 강좌 전에 수강생이 모여 작품에 대해 이야기를 나누는 (오프라인, 온라인) 강평회, 줌 술자리 등을 자발적으로 마련하며 강사 이외의 사람들로부터 2차 소견과 3차 소견을 들을 수도 있습니다.

그리고 모든 수강생이 참여해 SF 동인지 『사이파이어SCI-FIRE』를 펴내는 등 강좌뿐만 아니라 (적극적 참여 여부는 별개지만) 다양한 활동의 폭을 넓혀 가고 있는 것이 특징입니다.

젠론 SF 창작 강좌 2020에 오신 것을 환영합니다
https://school.genron.co.jp/sf/

술자리가 있고, 선배가 자발적으로 하는 작품 강평회가 있고, 인터넷 라디오와 동인지도 있지요. 강좌는 '커뮤니티'가 되고 수강생은 '좋은 관객'이 되어 교육의 장을 뒷받침하고 있어요. 제가 수강생 중에서 수상 작가가 잇따라 나오는 것을 '성과'라고 했는데, 진정한 성과는 이런 장이 생겨났다는 것이 아닐까 싶습니다. 등단한 수강생뿐만 아니라 등단하지 못한 수강생도 다들 활약하고 있어요.

이 모두를 오모리 씨의 정열이 뒷받침하고 있습니다. SF 창작 강좌는 학생이 먼저 쓰고 싶은 작품의 개요를 제출하고, 개요 심사를 거친 사람만이 실제 작품 심사를 받을 수 있습니다. 개요 심사에서 떨어진 사람도 작품을 제출할 수 있지만, 심사 평을 받을지는 장담할 수 없어요. 이렇게 프로그램을 짠 것은 오모리 씨와 초빙 강사들을 배려하기 위해서였습니다. 40명이 넘는 학생들이 제출하는 소설을 (전원이 제출하지 않는다고 해도) 매달 읽는 것은 너무 부담이 크니까요.

그런데 실제로 강좌를 시작한 뒤에 놀랍게도 오모리 씨가 제출된 작품을 다 읽었습니다. 게다가 수업에서 제대로 소개하고 평해 줬어요. 저는 놀랐습니다. 오모리 씨의 부담이 크니까 겐론에서 먼저 읽으면 어떻겠냐고 체제 변경을 제안했습니다. 하지만 원래대로 해도 괜찮다셨어요. 게다가 수업 후에 술집으로 자리를 옮겨 깊은 밤까지 계속 지도해 주십니다. 이 사랑과 정열에는 정말로 고개가 숙여졌습니다. 이 정열이 수강생에게 그대로 전달되어 수상 작가 배출과 '커뮤니티', '관객'을 충실히 하는 데도 이어지고 있습니다.

제가 오모리 씨를 알고 지낸 지 20년도 더 됐습니다. 그런데 이 강좌를 함께 운영하기 전에는 이렇게 사랑과 정열이 넘치는 사람이라고는 생각하지 못했어요. 매체에 드러난 오모리 씨의 발언은 좀 '차갑다'는 인상을 주는 게 많아서, 오모리 씨도 그럴 거라는 편견이 있었지요. 제가 잘 몰랐던 게 부끄럽네요.

3장
/
사람이 모이는 곳

프로페셔널과 관객

겐론스쿨에서는 커뮤니티가 중요하다고 이야기했는데, 원래 SF계는 커뮤니티가 강합니다. 1장에서도 잠깐 이야기했듯 해마다 SF 대회가 열리고, 작가뿐만 아니라 열성적인 독자도 모여서 교류하고 있어요. 멀리 거슬러 올라가면 이런 세계와 접촉한 것이 겐론 창업의 계기가 되었다는 점에서 겐론은 SF와 잘 맞는 부분이 있는 것 같습니다.

SF 창작 강좌는 작가뿐만 아니라 편집자도 강사인 것이 특징입니다. 이것은 오모리 씨의 아이디어였어요. SF 전문 편집자의 수는 한정되어 있습니다. 이들은 소속 출판사의 울타리를 넘어 SF 팬으로서 서로 친하게 지내지요. SF 창작 강좌에는 이런 편집자가 강의하러 옵니다. 하야카와쇼보나 도쿄소겐샤●의 편집장급 편집자가 눈앞에서 프로 작가와 대화하는 거예요. 내 작품이 아닌 다른 수강생의 작품에 대해 이야기해도 많은 공부가 될 테지요. 업계에 대해 솔직한 이야기도 들을 수 있고요. 편집자는 그야말로 '좋은 관객'이 직업인 사람입니다. 오모리 씨가 편집자를 강사진에 넣어야 한다고 한 것은 정말 탁월한 혜안이었다고 생각해요. 강사 쪽에 '좋은 관객'이 있기 때문에 수강생 가운데서 '좋은 작가'뿐만 아니라 '좋은 관객'도 길러지는 거니까요.

● SF, 미스터리 등 주로 장르 문학 번역 출판으로 이름난 출판사들이다.

겐론스쿨을 하고 있으면 인간의 의사소통이 무엇인가를 생각하게 됩니다. 술자리는 술자리니까, 내용만 보면 아무런 공부도 되지 않는 두서없는 이야기가 많아요. 이것만 생각하면 나갈 필요가 없겠죠. 하지만 실제로 분명히 성과로 이어지고 있거든요. 그런데 어떻게 이어지는지를 모르겠어요. 오랫동안 이어지는 술자리에서는 누구든 뭘 얘기했는지 거의 기억하지 못합니다. 그래도 '정말 좋은 자리였다'는 식의 감각은 계속 남고, 결국 이런 감각이 사람을 움직여요. 눈앞에서 프로 작가와 편집자가 뭔가를 이야기해요. 이것만으로도 이들이 대화하는 방식, 행동하는 방식을 보고 작품이나 논문을 읽는 것 이상의 뭔가를 받아들이게 되지요.

이런 의사소통이 되는 공간을 확보하는 게 요즘 시대에 아주 중요하다고 생각합니다. 뒤집어서 말하면, 요즘 사회는 이런 공간에 대해 너무 엄격해진 게 아닌가 싶어요. "자리가 한창입니다만……." 이런 상투어가 있는데, 이런 말을 하면서 자리를 파하는 것만큼 아까운 행위가 없어요. 잘 모르는 사람이 모여 이야기가 한창 무르익으면 그것만으로도 귀중합니다. 그럼 "자리가 한창이니 이 분위기로 계속 갑시다." 하는 편이 더 낫지요.

겐론카페와 겐론스쿨은 '자리가 한창일 때'를 절대로 방해하지 않는다는 운영 방침으로 일관하고 있습니다. 무척 힘들고 귀찮은 일이지요. 그래도 그렇게 하지 않으면 사람은 '생각하지' 않게 되고 창조적인 일도 할 수 없어요.

데리다 철학의 실천

이 장에서는 지금까지 겐론을 위기에서 구해 준 카페와 스쿨에 대해 이야기했습니다. 둘 다 우연의 연속으로 시작해서 예기치 않은 방향으로 성장해 왔고 그 자체가 '오배송'이 넘치기도 한 사업입니다. 이 둘을 관통하는 겐론의 정신을 이해했을 거라고 생각합니다.

마지막으로, 추상적이지만 온라인과 오프라인의 관계에 대해서도 이야기하려고 합니다. 카페든 스쿨이든 제가 지금까지 강조한 것은 오프라인의 중요성입니다. 카페라면 세 시간이고 네 시간이고 연단에 있는 사람들이 얼굴을 맞대고 서로 이야기를 나누지요. 스쿨 같으면 수업이 끝난 뒤 술자리에서 논의해요. 둘 다 오프라인이 중요하다는 말입니다.

오배송은 오프라인 커뮤니티에서 훨씬 더 일어나기 쉽습니다. 이것은 사실 제가 대학원 시절에 전공한 자크 데리다라는 프랑스 철학자의 주장과 깊이 관계됩니다.

여기서 상세히 해설하지는 않겠지만, 데리다는 말이 단순한 기호가 아니라 늘 '에크리튀르'(문자)라는 신체를 갖고 있다고 이야기했습니다. 오배송은 신체 없이 일어나지 않습니다. 그럼에도 우리는 툭하면 신체의 존재를 잊어버려요. 예를 들어, 책은 물체고 실제로 우리가 책을 살 때 그 물체에 대해 돈을 지불하지요. 그럼에도 왠지 책 이야기를 할 때는 그 안에 든 정보 이야기만 하기 일쑤예요. 데리다가 인간에게 이런 경향이 있으며 위험하다고 말하는데, 제가 겐론에서 하는 일은 그야말로 그 가르침을 따르는 면이 있어요.

그렇지만 저는 결코 온라인상 의사소통을 전적으로 부정하지는 않습니다. 오히려 실제 사업은 압도적으로 온라인에 의지하고 있어요. 앞서 말했듯이 카페 수익 대부분이 (코로나 사태 이후로는 전부) 온라인 스트리밍 매출이고, 나중에 이야기할 텐데 지금은 새로운 온라인 서비스까지 개발하고 있습니다. 이런 점에서 겐론이 오해받기 쉽다고 봅니다.

그럼 이 두 태도를 어떻게 연결할 것인가? 저는 사실 온라인의 오배송 없는 의사소통을 어떻게 효과적으로 '오프라인으로 가는 입구'='오배송의 입구'로 변모시킬 것인가라는 문제의식이 중요하다고 생각합니다.

다음 장에서는 체르노빌 투어라는 또 다른 겐론의 사업을 소개하면서 이 문제의식이 '오프라인으로 가는 입구'로서 '관광객'을 인식하는 관점으로 발전한 것에 대해 이야기하겠습니다.

1장
시작

2장
좌절

3장
사람이 모이는 곳

**4장
친구도 아니고 적도 아닌**

5장
재출발

6장
새로운 계몽으로

체르노빌

'관광객'의 철학이 싹트다

겐론이 위기에 빠졌던 2012년에서 2015년 사이에 카페나 스쿨과 별도로 힘을 기울인 사업이 있습니다. 바로 체르노빌 투어입니다. 1986년에 원전 사고가 터진, 우크라이나의 체르노빌입니다. 앞에서 말한 『체르노빌 다크 투어리즘 가이드』를 문자 그대로 가이드북으로 삼고, 저와 감수자 우에다 요코 씨가 (첫 회는 우에다 씨만) 강사가 되어 실제로 체르노빌 원전 사고 유적지를 1주일 정도 일정으로 방문해 보는 학습 여행입니다. 여행사(2013년 첫 회는 JTB코퍼레이트세일스, 2014년 2회 이후에는 HIS)와 손잡고 지금까지 다섯 차례 진행했습니다.

『체르노빌 다크 투어리즘 가이드』는 2013년 4월에 취재한 것을 바탕으로 만든 책입니다. 이 취재가 상당히 인상적이었기 때문에 독자와 실제로 현지에 가고 싶다는 생각이 커졌고, 이해 가을부터 투어 기획을 시작했습니다. 앞 장 끝에서 이야기한, 온라인(서적)의 정보를 '오프라인으로 가는 입구'로 이용한다는 실천의 전형으로서 매출은 적지만 겐론의 정신을 체현하는 사업으로 자리매김할 수 있습니다. 올해는 코로나 사태 때문에 진행하지 못했지만 앞으로 계속할 생각입니다.

지금까지 종종 이름이 나온 우에다 씨와 어떻게 만났는지부터 돌이켜 보지요. 5장에서 이야기할 텐데, 우에다 씨는 사실 저 대신 지금 겐론의 대표가 되어 인사와 경영을 도맡고 있습니다. 하지만 처음에는 우리 사업과 상당히 거리가 있었습니다.

대지진과 원전 사고가 겐론의 출판 방향을 크게 바꿨다는 이야기는 이미 했지요. 그런 가운데 『일본 2.0』을 편집하면서 다음에 뭘 할지 생각하던 때에 어느 해외 기사를 발견했습니다. 이 기사에서 체르노빌 원전 사고로 폭발한 4호기 바로 앞에서 반소매 옷을 입고 기념사진을 찍는 영국인의 모습을 소개했습니다. 저는 그저 놀랐습니다. "어? 체르노빌은 방사능으로 오염된 '죽음의 땅'이 아니었나?" 조사해 보니, 체르노빌 원전 사고 재해 지역(통칭 '존')을 2011년 4월부터 조건부로 관광객에게 개방하고 있었습니다. 2011년은 후쿠시마 원전 사고가 일어난 해이면서 체르노빌 원전 사고가 일어난 지 25년이 되는 해이기도 합니다. 이를 계기로 원전 사고 유적지의 '관광지화'가 시작된 것입니다. 더욱 놀라운 동시에 무척 흥미로웠습니다.

원래 제 사고방식에서 공공 공간이란 의식 수준이 높은 진보적인 사람이 만드는 제도적인 것일뿐만 아니라 경박한 소비자가 만드는 자생적인 것이기도 하지 않을까 싶었습니다. 나중에 자세히 설명하겠지만 이것은 전후 일본이 키워온 대중사회에 대한 신뢰랄까, 일종의 '전후 민주주의'에 포스트모더니즘이 접합된 듯한 사상으로서 『사상지도β』 창간호에서 쇼핑몰 분석에 지면을 할애한 것도 이런 관심이 있었기 때문입니다.

따라서 체르노빌에 관해 새로운 사실을 안 저는 이것이 제 철학적인 주제와 관계있는 한편 후쿠시마 부흥에 대한 새로운 관점이 될 수도 있다고 직감했습니다. 재해와 죽음이라는 '무거운' 기억을 관광객이라는 '가벼운' 존재를 매개로 해 미래로 전할 수 있다면, 거기에는 큰 가능성이 있을 것입니다.

우에다 요코 씨와 만나다

그래서 체르노빌 관광지화 실태를 취재하러 가고 싶어졌습니다. 그런데 제가 조사해 봐도 전혀 진척이 없었죠. 체르노빌은 구소련권 우크라이나에 있는데, 저는 러시아어든 우크라이나어든 할 줄 몰라요. (사실 대학 시절에 러시아어를 공부했지만 다 잊어버렸습니다.) 취재를 가려면 좋은 가이드와 같이하며 현지에서 알맞은 사람들에게 이야기를 들어야 하는데, 영어로는 조사해 봐도 정보가 나오지 않았어요. 이때는 관광지화에 대한 일본어 소개가 없었습니다.

구체적인 진전이 없이 시간이 흘러 순식간에 연말이 됐습니다. 이때 마침 영화 배급사가 알렉산드르 소쿠로프 감독의 〈솔제니친과의 대화〉라는 다큐멘터리영화 상영회가 있으니 관객과의 대화에서 이야기를 해 달라고 했습니다. 솔제니친은 구소련의 반체제 작가로, 사실 제가 학생 시절에 이 작가에 대한 에세이(「솔제니친 시론: 확률의 감촉(ソルジェニーツィン試論—確率の手触り)」, 『비평공간』 제1기 제9호, 1993년 4월.)를 통해 비평가로서 등단했습니다. 그래서 의뢰가 왔겠지요. 하지만 에세이를 쓰고 20년 가까이 흘렀기 때문에 러시아 문학에서 멀어져 있었습니다. 솔제니친을 좋아해서 읽었을 뿐이지, 원래 강연을 할 만한 전문 지식도 없어요. 그래서 대담을 할 만한 사람이 있으면 좋겠다고 답신을 보냈습니다. 그랬더

니 자막을 맡은 사람이 대담자가 될 거라고 했어요. 그 사람이 우에다 씨였습니다. 이렇게 러시아 영화 자막 번역자로서 우에다 씨를 처음 알았죠. 우에다 씨도 제 일에 대해서는 잘 몰랐다고 생각합니다.

우에다 씨는 자막을 맡은 정도니 당연히 러시아어를 할 줄 알지요. 그래서 관객과의 대화가 끝난 뒤 이야기를 건네 봤습니다. "제가 지금 체르노빌에 관심 있어서 취재를 가려고 하는데, 정보를 얻을 수 없습니다. 같이 조사해 줄 사람을 찾고 있어요." 우리는 작은 회사라 보수를 많이 줄 수 없고, 같이 일하는 건 무리겠다 싶었습니다. 그런데 "제가 지금 하던 일을 그만둬서 시간이 있고 흥미가 있으니 할게요." 하고 즉답을 줬어요. "그럼 꼭 좀 부탁드립니다." 척척 장단이 맞아 이야기가 잘됐지요.

이렇게 우리와 같이하게 된 우에다 씨는 처음에 겐론의 직원이 아니라 어디까지나 체르노빌 취재를 돕는 조사원이었고, 고용계약이 아닌 업무 위탁 계약을 맺었어요. 그때가 2014년 봄이었는데, 겐론의 혼란을 보다 못해 잡무를 두루 맡는 직원이 돼 주었죠. 이런 우에다 씨가 이윽고 대표가 됐으니, 세상일은 참 알 수 없네요.

지금은 영어로 체르노빌 관광에 대한 정보를 많이 찾을 수 있습니다. 하지만 앞에 말했듯이 당시에는 정보가 전혀 없다고 해도 좋을 정도였어요. 그런데 우에다 씨가 사무실에 와서 러시아어로 검색해 주니 투어에 대한 정보가 점점 모였습니다. (그때는 지금과 정치적 상황이 달라서 러시아어로 우크라이나 정보를 찾을 수 있었습니다.) 그뿐만 아니라 우에다 씨가 찾은 인명을 페이스북에서 검색해 "아, 이 사람도 페이스북을 하는 것 같으니까 메시지를 보내 볼까요? 아, 벌써 답변이 왔네요." 하는 식의 일이 계속 일어났어요.

이건 대단한 일이라고 생각했습니다. 인터넷이 세계를 연결한다지만 러시아어로 검색할 때와 영어로 검색할 때는 보이는 풍경이 전혀 다르죠. 어떤 언어로 검색해야 할지를 모른다면 인터넷은 전혀 도움이 안 돼요. 이때 받은 충격에 대해서는 『약한 연결: 검색어를 찾는 여행(弱いつながり―検索ワードを探す旅)』(안천 옮김, 북노마드, 2016.)이라는 책에 상세히 썼습니다.

8인의 체르노빌 취재 여행

우에다 씨는 러시아 연극 전문가지만 고교 시절에 반더포겔•로 전국고등학교종합체육대회에 나간 경험이 있기

• 독일어로 철새를 뜻하며 20세기 초 독일 청년들 사이에서 시작된 도보 여행 운동을 가리킨다. 산과 들에서 자율적 활동을 통해 몸과 마음을 기르는 데 목표를 둔다.

때문에 일이 시작되자 잘 해내고 힘이 넘쳤습니다. 이런 우에다 씨가 견인해 준 덕에 취재의 세부 내용이 점점 결정되었습니다. 우크라이나는 연고 사회입니다. 구소련권은 공식 통로로 의뢰할 뿐만 아니라 중요한 사람을 선정해서 친밀한 관계속에 연락하는 것, 즉 사람과 사람의 관계가 매우 중요하다는 경향이 있습니다. 홈페이지의 소통 공간 같은 데 문의해서 제대로 된 답변을 못 받아도 직접 전화하거나 일대일 메시지를 보내면 갑자기 일이 잘 풀리는 경우가 있어요. 한번 친밀한 관계를 맺으면 여러 가지 편의를 봐주기도 하고요. 우에다 씨가 러시아어로 전반적인 교섭을 해서 신뢰를 얻은 덕에 결국 원전 안까지 들어갈 수 있었습니다. 일반적인 관광객 같으면 도저히 못 갔을 거예요.

이렇게 순조롭게 준비해서 2013년 4월에 처음으로 체르노빌에 갔습니다. 저 혼자 취재하기에는 불안해서 팀을 꾸렸지요. 저널리스트로서 경험이 풍부한 쓰다 다이스케 씨, 후쿠시마 출신 사회학자로서 당시 원전 문제에 대해 적극적으로 발언하고 있던 가이누마 히로시(開沼博) 씨, 책에 취재 화보를 넣고 싶어서 협력을 부탁한 사진가 신쓰보 겐슈 씨, 통역이자 코디네이터로서 우에다 씨, 겐론 측에서 업무 보조를 맡은 도쿠히사 그리고 동영상 촬영 팀으로 두 사람이 동행해 결국 취재 팀은 저를 포함해 여덟 명이 됐습니다. (사실 취재에 동행한 사람이 두 명 정도 더 있는데, 이들은 겐론 팀과 별도로 합류했습니다.) 이들이 1주일 동안 해외 취재를 했지요.

2장에서 이야기했듯 당시 겐론은 이미 돈이 없어서 취재비를 마련하기가 힘들었습니다. 그래서 쓰다 씨의 제안에 따라 캠프파이어*에서 크라우드 펀딩을 하기로 했습니다. 동영상 촬영 팀은, 이곳에서 받은 지원에 대한 답례로 취재 모습을 기록한 DVD를 보내 주기로 했기 때문에 필요했습니다. 이 크라우드 펀딩이 큰 호응을 얻어 600만 엔 넘게 모였는데, 당시 캠프파이어에서 모금액 1위였습니다. 정말 큰 도움이 됐습니다. 모금해 주신 분들에게는 지금도 고마워하고 있습니다.

이때 취재하면서 기록한 것을 바탕으로 완성한 책이 앞에서 말한 『체르노빌 다크 투어리즘 가이드』입니다. 제목에서 알 수 있듯이 관광 가이드를 본떠 원전 사고 유적지를 굳이 '가볍게' 소개하는 형식을 취했습니다. 하지만 꽤 무거운 내용으로, 사고가 난 체르노빌 원전 내부를 촬영했으며 다양한 중요 인물들과 인터뷰도 했습니다. 지금도 존을 소개한 일본어 책 중에서는 내용이 가장 충실하지 않나 싶습니다.

우에다 씨와 2012년 말에 만났는데, 이듬해 4월에는 현지를 취재하고 7월에는 책을 펴냈습니다. 한편으로는 겐론

• CAMPFIRE, 일본의 유명 크라우드 펀딩 플랫폼이다.

카페를 개업하고 A씨가 퇴사하는 등 이 반년 동안 정말 경황이 없던 기억이 납니다.『체르노빌 다크 투어리즘 가이드』는,『사상지도β』 창간호 판매 부수인 3만 부에는 미치지 못했지만 2만 부가 나갔습니다. 독자의 반응이 좋아, 이런 반응이라면 자매편인『후쿠시마 제1원전 관광지화 계획』이 성공할 거라고 생각해 경영자로서 마음이 가벼워졌습니다. 실제로는 그렇게 되지 않았지만요.

관광객

다크 투어리즘

이 장 첫머리에서 이야기했듯이 『체르노빌 다크 투어리즘 가이드』를 펴낸 뒤 이 책을 가이드 삼아 현지를 방문하는 투어에 대한 말이 나왔습니다. 이에 대해서도 우에다 씨가 애쓴 덕에 순식간에 실현하기로 결정됐습니다. 주최할 여행사도 우에다 씨가 찾아왔습니다.

2013년 11월, 첫 투어를 떠났습니다. 4월 취재에서 겪은 놀라움과 흥분을 추체험해 주면 좋겠다는 바람에서 프로그램을 꽉꽉 채워 넣었습니다. 원전에 들어가 볼 뿐만 아니라 존 안에서 하룻밤 묵고, 사고 처리에 관여한 사람의 이야기를 들어 보고, 피해자가 사는 마을을 방문하는 등 일반적인 투어에서 실현할 수 없는 공부가 되는 투어였습니다.

　문제는 여행 비용이었습니다. 일본에는 우크라이나로 가는 직항 편이 없습니다. 제3국을 경유하기 때문에 시간이 걸리고, 그만큼 항공권이 비쌉니다. 제1회 투어 가격이 33만 8,000엔으로 정해졌습니다. 겐론은 그 일부를 기획료로 받았습니다.

　당시 스쿨도 하지 않은 겐론은 이런 대형 상품 판매가 처음이었습니다. 후쿠시마 사고 때문에 방사능에 대한 공포가 아직 크던 시기인 만큼 실제로 항의 전화가 오기도 했습니다. 25년 넘게 지난 일이지만 세계 최대 원전 사고 현장으로 가는 투어에 몇 명이 참가할지는 전혀 알 수 없었습니다. 결국 30명 정원이 채워졌고 투어는 성공리에 끝났습니다. 지금 돌이켜 보면 당시 상황에서 잘도 감행했구나 싶습니다. 투어 참가자 모집 사이트에 제가 이런 소개 글을 올렸습니다.

　　여기에 소개하는 투어는 겐론이 JTB코퍼레이트세일스와 함께 개발한, 키이우 및 체르노빌 견학 투어입니다. 이 투어의 핵심은 일본에서 처음으로 일반인 관광객을 대상으로 체르노빌 원자력발전소 경내 견학을 실현했다는 것입니다. 개인이 키이우로 여행을 떠나도 원전 내부 견학은 일정에 없습니다. 이 투어에서는 여러분이 실제로 원전 제어실까지 들어갈 수 있습니다. 투어에는 『체르노빌 다크 투어리즘 가이드』의 감수자인 러시아 문화 연구자 우에다 요코 씨가 동행해, 이 책에 등장하는 우크라이나 측 관계자와 의견을 나누는 자리도 마련했습니다. 투어 전후로 투어 참가자를 위한 특별 세미나도 엽니다.

18세 이상으로서 건강한 사람이면 누구나 투어에 참가할 수 있습니다. (미성년자는 키이우까지는 갈 수 있어도 원전 주변의 출입금지 구역, 보통 존으로 불리는 곳에는 들어갈 수 없습니다.) 방사능이 괜찮을지 불안한 사람이 많을 텐데, 방사선량이 실제로 존 대부분의 공간에서 도쿄와 비슷한 정도로 낮으며 원전 경내도 그다지 높지 않습니다. 시간당 몇 마이크로시버트 수준입니다. 참고로, 4월에 저희가 현지 취재차 방문했을 때 세이프캐스트* 장비로 측정한 수치를 공개하겠습니다.

아즈마 히로키 감수,
체르노빌 원전 견학과 사고의 기억을 더듬어 보는 7일
http://genron.co.jp/goto_chernobyl

부흥 가능성

체르노빌 원전은 사고로 파괴되지 않은 원자로를 사

---

* Safecast, 비영리조직. 표준화된 기준으로 방사능 수치를 측정할 수 있는 가이거 계수기(Geiger counter)와 지도상에서 그 데이터를 볼 수 있는 플랫폼인 '세이프캐스트 웹사이트'를 만들어 누구나 실시간으로 정보를 얻을 수 있도록 했다. 장비는 가이거 계수기를 말하는 듯하다.

고 후에도 계속 가동했고 2000년에야 모든 원자로를 멈췄습니다. 이제 발전은 안 하지만 전력망에서 아주 중요한 위치를 차지해 배전 업무를 하며 폐로 작업도 있어서 많은 사람이 일합니다. 즉 지금도 문을 닫지 않은 시설입니다.

사람들은 원전 사고 같은 일이 일어난 현장은 사람 하나 없이 방치되고 아무도 접근할 수 없는 '죽음의 땅'이 된다고 생각하기 쉽습니다. 저 자신도 그랬습니다. 하지만 생각해 보면, 그럴 리 없습니다. 누군가 사고 처리를 해야만 하고, 그 작업자에게도 생활이 있어요.

사정은 후쿠시마도 마찬가지일 겁니다. 당시는 후쿠시마 사고의 기억이 아직 생생했기 때문에 체르노빌 투어에서는 참가자가 그런 '사고 후' 현실을 편견 없는 눈으로 직시하고 부흥의 가능성에 대해 생각해 주기를 바라는 뜻도 있었습니다. 이 의도가 잘 받아들여져 참가자 여러분에게 높은 평가를 받았습니다. 이런 평가가 출발점이 되어 체르노빌 투어는 이듬해부터 겐론이 연 1회 개최하는 연례 사업으로 성장하고 있습니다.

다만 첫 투어 때는 겐론이 거의 망하기 직전이라 저도 강사로 동행할 수 있는 상황이 아니었습니다. 투어를 마치고 귀국한 우에다 씨에게 이대로는 얼마 있다 부도가 난다, 당신에게 돈을 못 줄지도 모른다고 해서 우에다 씨가 놀란 기억이 납니다. 투어에 참가한 분들도 설마 모기업인 겐론이 그렇게까지 형편이 안 좋을 거라고는 꿈에도 생각지 못했겠지요.

관광객의 접근 방식과 히로카와 류이치의 접근 방식

그런데 왜 투어를 하기로 했을까요? 앞서 이야기한 대로 기본적인 동기는 4월에 한 취재가 무척 인상적이었고 이 감각은 말로 전달되지 않는다고 본 것입니다. 하지만 이뿐만이 아니었습니다. 또 다른 큰 동기로서 취재 중에 '응? 이건 취재라기보다는 관광 같은데?', '오히려 우리가 관광객이기 때문에 좋은 취재를 할 수 있는 게 아닐까?' 하는 순간이 가끔 있었습니다. 나중에 『겐론 0 관광객의 철학(ゲンロン0 観光客の哲学)』(안천 옮김, 리시올, 2020.)이라는 책과 직결되는 '관광'에 대한 관심이 이 즈음 싹트기 시작한 거죠.

관광객이기 때문에 좋은 취재를 할 수 있다는 건 어떤 의미일까요? 체르노빌 취재라고 하면 가장 먼저 떠오르는 사람이 히로카와 류이치(広河隆一) 씨입니다. 지금은 히로카와 씨가 성폭력 문제로 사회적 신용을 잃었지만, 그가 가장 열심히 체르노빌을 취재한 일본인 저널리스트로 꼽힐 만하다는 것은 분명합니다. 히로카와 씨는 사고 직후에 우크라이나뿐만 아니라 러시아와 벨라루스에도 갔고, 현지에서 피해자 구호 단체도 만들었죠. 취재한 지역도 아주 많습니다. 존경할 만한 일이라고 생각하는데, 히로카와 씨의 글에는 '상상한 것과 현실은 다르구나.' 하는 동요가 없습니다.(오해를 피하기 위해 다시 말하는데, 그래도 히로카와 씨의 성폭력이 면책되는 것은 아닙니다.)

히로카와 씨가 1991년에 펴낸 『체르노빌 보고(チェルノブイリ報告)』(이와나미신서)라는 작은 책이 있습니다. 히로카와 씨는 원전에 반대하며 방사능에 따른 건강상 피해를 강조하는 쪽이라서 전체적으로 이런 관점에서 쓰여 있습니다. 하지만 책에 히로카와 씨와 다른 관점의 목소리도 기록되어 있습니다.

히로카와 씨의 책을 읽으면 사고 후 5년이라는 생각보다 빠른 시점에 원전 주위에서 생활해도 건강에 문제가 없다, 자연은 오히려 회복되고 있다는 목소리가 나오는 것을 알게 됩니다. 저 자신도 현지에서 이런 목소리를 들었습니다. 방사능은 눈에 보이지 않습니다. 그리고 눈으로 보기에는 분명 자연이 회복되고 할아버지, 할머니가 건강하게 생활하고 있었어요. 건강 면에서 피해가 있는지 없는지, 어느 쪽이 맞는지를 따지지 않고 신경 쓰지 않으면 그런 생활 방식도 생겨난다는 점에서 원자력 재해를 다루기가 까다로운 것입니다.

하지만 히로카와 씨는 이런 까다로움에 주의를 기울이려고 하지 않아요. 생활하고 있는 사람들의 다른 의견을 소개해도 반드시 그 뒤에 "하지만 실제로 펼쳐져 있는 것은 죽음의 대지였다." 하는 식으로 어두운 문장을 끼워 넣습니다. 히로카와 씨에게 체르노빌은 '죽음의 대지'이며 거기에서는 앞으로도 수십만 명이나 되는 아이들이 죽어 가지요. 이 결론은 절대로 흔들리지 않아요. 현지 사람이 '죽음의 대지가 아니'라고 말하고 히로카와 씨도 그 목소리를 기록하지만, 신념은 절대로 동요하지 않아요.

한편 우리는 어땠을까요? 2013년에는 저도, 우에다 씨도 체르노빌에 대해 그다지 잘 알지 못했습니다. 우에다 씨는 러시아어 전문가지만 원전 사고에 큰 관심이 없었어요. 쓰다 씨도 가이누마 씨도 후쿠시마에 대해서는 자세히 알아도 체르노빌에 대해서는 잘 몰랐죠. 취재지도 우에다 씨가 직접 접촉해서 결정했기 때문에, 원전 사고를 잘 아는 저널리스트나 비영리단체로부터 소개받고 간 게 아니었어요. 즉 우리는 모두 일반인이고, 그야말로 '관광객'으로서 '과연 체르노빌은 어떻게 돼 있을까?' 하는 정도의 궁금증만 품고 현지를 방문했습니다. 결과적으로는 이게 무척 좋은 효과를 가져왔어요.

취재 시 우연이 불러온 발견

현지에서 '어? 이건 생각하던 이미지랑 다르다?' 싶은 당혹스러운 경험이 많았습니다. 『체르노빌 다크 투어리즘 가이드』에는 이런 당혹감이 정직하게 새겨져 있습니다.

예를 들어, 우리 취재 팀을 안내해 준 활동가 알렉산드르 시로타 씨가 있습니다. 그는 체르노빌 원전과 가까운 도시로 지금은 아예 폐허가 된 프리피야트에 살고 있는데, 아홉 살 때 원전 사고로 해를 입었습니다. 그 뒤에도 후유증으로 병원에 다니고 있다고 합니다. 일본 텔레비전에도 가끔 소개되는 사람이에요.

이런 지식을 전제로 우리가 만난 실제 시로타 씨는 박박 깎은 머리에 체격이 좋고, 아름다운 부인과 딸이 있으며 시골 생활을 즐기는 밝은 사람이었습니다. 원전 사고 피해자라고 해서 그 뒤 줄곧 불행한 인생을 보낸다는 법은 없지요. 그럼에도 사람은 좀처럼 선입관에서 벗어날 수 없어요. 우스운 이야기를 하나 소개할게요. 시로타 씨가 취재 중에 어머니 이야기를 무척 많이 했어요. 그의 어머니는 시인으로서 사고 당시 프리피야트의 극장에서 배우도 하고 있었죠. 여러 가지 추억을 이야기하고 당시 사진도 보여 주었어요. 우리 취재반은 당연히 '어머니가 원전 사고 후유증으로 돌아가셨구나.' 하고 생각했어요.

그런데 시로타 씨와 꼬박 이틀을 함께 보내면서 프리피야트의 폐허도 안내받고 마지막으로 작별하려 할 때 "우리 어머니가 페이스북을 하고 있으니 팔로우해 주세요."라는 말을 들었습니다. "네? 페이스북을 하신다고요?!" 우리는 큰 충격을 받았습니다. 잘 생각해 보면 시로타 씨는 어머니가 돌아가셨다고 말한 적이 없어요. 열심히 취재하려고 했지만 우리가 핵심적인 부분을 놓쳐 버린 거예요.

이 경험을 통해 취재가 어렵다는 것을 통감했습니다. 말이란 빈약해서, 아무리 시시콜콜하게 다 들었다고 해도 현실의 극히 일부밖에 파악할 수 없어요. 나머지 광대한 공간은 상상으로 메우는데 거기에 선입관이 개입하니까, 그것을 무너뜨리지 않으면 좋은 취재가 안 돼요. 그럼 그 계기는 어디에서 오는가? 지금 한 이야기 같으면 취재의 주제에서 벗어난 잡담에서 오지요. 결론을 말하자면, 이런 잡음이 중요하다고 생각합니다.

시로타 씨를 '원전 사고로 아홉 살에 고향을 잃고 지금도 후유증에 시달리면서 체르노빌의 존에서 일하는 사람'이라고 소개해도 실제로는 아무것도 전달되지 않아요. 사실이기는 하죠. 하지만 이건 독자가 생각하는 '체르노빌의 비참한 피해자' 이미지를 강화할 뿐이지요. 실제로 만나 본 시로타 씨는 생활을 즐기며 어머니 이야기만 해요. 이런 정보가 일반적인 취재에서는 불필요하지만 이것이야말로 중요하지 않을까 싶었어요.

관광은 기대를 배신한다

복잡한 현실을 복잡한 현실로 받아들이려면 취재의 목적이 명확한 것만으로는 불충분하고 그 주변의 언뜻 불필요한, '복합적인 첫인상' 같은 것이 중요해집니다. '자연이 아름답구나.'라든가 '우크라이나 요리가 맛있다.'라든가 '일본하고 다르게 방사능도 기념품의 소재가 되는구나.'라든가……. 이런 '인상'은 언론인보다는 관광객으로서 현지에 갈 때 기억에 남는지도 모르겠어요. 취재의 목적이 분명하면 그 목적이 인상을 배제해 버리는 경우가 있지요. 실제로 히로카와 씨에게 그런 일이 일어났고, 경험을 쌓은 언론인이라면 어느 정도 그렇게 되는지도 몰라요. 우리는 이런 면에서 일반인에 가까웠어요. 그래서 기존의 사고 관련 책과는 다르게 접근해서 현지를 소개할 수 있었습니다.

앞서 이야기했듯이 『체르노빌 다크 투어리즘 가이드』는 일부러 가이드북과 같은 형식으로 편집했습니다. 가이드북은 '당신이 가고 싶은 곳은 이런 곳'이라는 이미지를 심어 주기 위해 존재합니다. 현지에 가지 않아도 가이드북을 읽으면 다녀온 듯한 기분이 들 수 있고 필요한 정보도 얻을 수 있어요.

누구나 겪는 일이라고 보는데, 현지에 가면 그 전에 가이드북을 읽고 예상한 것이 기대를 배신하게 마련이에요.

"응? 이게 그거였어?" 하지만 가이드북이 거짓말을 하는 게 아닙니다. 현지를 방문한 다음에 다시 읽어 보면 분명히 그렇게 쓰여 있기도 하거든요. 하지만 현지를 모르고 읽었을 때는 다르게 상상하는 거죠.

예를 들어, "저기를 돌아가면 작은 길이 있습니다." 하고 쓰여 있다고 해 보지요. 일본인 같으면 일본의 '길'을 상상해요. 잘 포장된 도로가 관광지로 향하고 있다고 말이지요. 그런데 현지에 가 보니 전혀 달라서 '이게 길이야?' 하게 되는 식의 경험이 종종 있어요. '길이 있다'는 단순한 사실조차 말만으로는 현실에 다다르지 못해요.

소크라테스는 '말' 때문에 살해당했다

그래서 『체르노빌 다크 투어리즘 가이드』를 가이드북으로 만든 데는 일종의 아이러니가 담겨 있습니다. 이 책을 읽으면 체르노빌에 대해 어느 정도 알 수 있다, 하지만 진짜를 아는 것은 아니다, 그러니 이 사실도 자각해 둬야 한다는 아이러니지요.

이런 생각으로 책을 출판했기 때문에 투어도 기획해야만 한다고 생각했습니다. '책을 읽고 지식을 얻으려고 했는데, 현지에는 내 상상과 전혀 다른 것이 있었다. 하지만 이것이 분명 쓰여 있는 대로이기도 했다.' 이 기묘한, 가고 싶어서

지(知)의
관객
만들기

좀이 쑤시는 느낌을 독자들도 경험해 보면 좋겠다. 그럼 실제로 사람을 데리고 가는 수밖에 없지요. 앞 장에서 말한 대로 『체르노빌 다크 투어리즘 가이드』라는 책을 '오프라인으로 가는 입구'로 이용하려고 한 겁니다.

좀 더 덧붙이겠습니다. 우리 사회에는 SNS가 보급되기도 해서 '말만으로 결말을 지을 수 있다'는 생각에 빠진 사람이 정말 많아졌습니다. 하지만 실제로는 그렇지 않아요. 말과 현실은 늘 어긋납니다. 보도를 통해 상상한 비참한 이미지를 가지고 재해 지역에 가거나 피해자와 만났더니 전혀 다른 인상을 받았어요. 또는 이와 반대인 경우도 종종 있지요. 이런 경험 없이 말로만 시시비비를 가리려고 하면 의미가 없어요. 오히려 말과 현실이 어긋나는 데 계속 민감해야 한다는 것이 중요합니다. 제가 말하는 '관광'은 이를 위한 트레이닝입니다.

말을 통해 상상한 것은 경험을 통해 배신당합니다. 하지만 경험한 뒤에 본다면, 분명 사전에 들은 대로라는 것을 알게 돼요. 이야기를 좀 더 넓혀 보면, 이 역설이 인생이란 무엇인가라든가 진실이란 무엇인가에 대해 많은 것을 가르쳐 주는 듯합니다. 우리는 말로 의사소통을 할 수밖에 없죠. 말로 설득하고 논의하고 후세에 전달할 수밖에 없는데, 이러면 중요한 것이 하나도 전달되지 않아요. 이 한계를 모르면 쓸데

없는 '논쟁'만 하게 돼요. 이것은 현대적인 문제인 동시에 철학의 기원에도 있던 문제입니다. 소크라테스는 말을 기록하면 진리가 변해 제대로 전달되지 않는다고 생각해서 책을 쓰지 않았어요. 그러나 그런 그도 결국 트집이나 다름없는 반대파의 고발을 당하고 사형을 선고받았지요.

    이런 점에서 체르노빌 투어는 작지만 겐론의 원점이랄까 철학의 원점에 닿아 있는 기획이기도 합니다. 겐론은 말의 힘을 믿는 회사지만, 말의 힘에 매우 회의적인 회사이기도 합니다. '관광'을 통해 이 양면성을 체험해 주길 바랍니다. 많은 분들 덕분에 체르노빌 투어는 2013년 이후에도 거의 1년에 한 번 정도로 계속할 수 있게 되었습니다. 겐론은 5회 투어로 100명 이상의 일본인을 체르노빌 원전에 데려간 회사입니다. 저로서는 이런 실천을 거듭 쌓는 것이 '논쟁'보다 중요합니다.

후쿠시마

가이누마 히로시 씨와 주고받은 서간

앞서 『후쿠시마 제1원전 관광지화 계획』이 상업적으로 실패했다고 했는데, 그 뒤에도 후쿠시마 문제에는 계속 관여하려고 했습니다. 이듬해인 2014년 8월에는 겐론 친구의 모임 회원과 도미오카마치•와 이와키시의 오나하마••를 방문하기도 했습니다.

단, 겐론이 피해자를 이용해 먹는다는 악평이 퍼져서 점점 관여하기가 어려워졌습니다. 특히 결정적인 것이 체르

- •   동일본대지진 때 원전 사고의 영향을 받아 아직도 주민들이 돌아가지 못하고 출입 통제 구역으로 지정되어 있다.
- ••   동일본대지진 때 쓰나미로 큰 피해를 본 해변 지역이다.

노빌에 같이 간 가이누마 히로시 씨의 비판이었습니다. 저와 가이누마 씨는 2015년에 마이니치신문에서 서간을 주고받았는데, 이 기획은 가이누마 씨가 제 비판으로 시종일관해 대화가 되지 않고 중단돼 버렸습니다. 가이누마 씨가 전개한 주장을 제 말로 요약하면 이렇습니다. "후쿠시마에 대해 이야기하고 싶다면 이주를 하든 뭘 하든 제대로 참여한 뒤에 하라. 그러지 않으면 신용할 수 없다." 당신은 어차피 관광객이니 입 다물라는 것입니다.

가이누마 씨가 이렇게 발언하는 것은 그 자신이 후쿠시마현 출신이기 때문이고, 배경에 진심이 어려 있다는 사실은 압니다. 하지만 이 논리를 더 밀어붙이면 후쿠시마에 사는 사람이나 후쿠시마에 사는 친척이 있는 사람 등이 아니면 재해 지역의 미래에 대해 말할 수 없게 되죠.

한편 저는 원전 사고를 특정 지역의 문제가 아닌 일본과 세계 차원에서 생각해야 하는 문제라고 여겨서 가이누마 씨에게 체르노빌에 같이 가자고 제안했기 때문에 '후쿠시마의 특권화'에 반대했습니다. 그 결과, 왕복 서간은 중단되고 인터넷에서는 가이누마 씨가 후쿠시마의 '편'이고 아즈마 히로키는 '적'이라는 이미지가 굳어졌습니다. 오해에 기초한 중상(中傷)도 많았지만 당시에 그야말로 경영 위기의 한가운데에 있는 형편이라 더는 에너지를 쏟을 수 없었습니다.

결국 그 이후 (개인적으로는 후쿠시마를 거듭 방문하고, 겐론카페에서 행사도 계속 하지만) 겐론은 후쿠시마 사고 문제에 회사 전체의 기획으로서 관여하지는 않게 되었고, 『후쿠시마 제1원전 관광지화 계획』도 상당한 부수를 처분했습니다. 도망쳤다고 비판받기도 하지만 저에게는 도쿄의 회사 경영 쪽이 중요했습니다. 오해를 무릅쓰고 말하자면 가이누마 씨가 들이민 것은 네 인생을 택할지, 후쿠시마 문제를 택할지 결정하라는 말입니다. 이런 전술이 '논쟁'에서 이기기에는 좋겠지만 세상에 별 도움은 안 되는 것 같아요.

어쨌든 이 사건을 계기로 어딘가에 붙어서 '적'이냐, '우리 편'이냐를 확실히 하고 싶어 하는 사람들로부터는 거리를 두자고 생각하게 됐습니다. 그리고 저는 제가 할 수 있는 일을 성실하게 하자는 마음을 굳게 먹었습니다.

책장을 만들 것인가, 만들지 않을 것인가

체르노빌 투어가 일관되게 호평을 받았지만 운영 면에서는 외줄타기처럼 아슬아슬한 시기도 있었습니다. 두 번째 투어는 여행사를 HIS로 바꿔서 2014년 3월에 떠날 예정이었습니다. 그런데 출발 직전에 우크라이나에서 정치적인 시위(유로마이단)가 일어나서 폭동으로 사람이 죽었다든가 국경에 군대가 집결한다든가 하는 이야기가 들려왔습니다. 이미 참가 예정자를 위한 세미나까지 열었지만 우에다 씨와 둘이서 HIS 본사를 방문해 어쩔 수 없이 투어 중지를 결정했습니다. 만약 사태가 전쟁으로 번지면 당분간 투어는 할 수 없겠다는 생각에 실망이 커서 어깨가 축 처졌지만, 결국 어찌어찌해 11월에 투어를 진행할 수 있었습니다. 이때부터 저도 강사로서 참여합니다. 강사가 두 사람으로 늘었기 때문에 프로그램이 점점 충실해졌습니다. 키이우 사정도 잘 알게 돼 호텔과 식당도 알맞게 고를 수 있었습니다.

하지만 이때 사내는 어수선했습니다. 2장에서 보았듯이 이 시기에 직원이 점점 줄어 저와 우에다 씨, 도쿠히사, B씨와 그를 돕는 C씨밖에 없었습니다. 이때 이미 서류의 분실이나 관리 소홀이 문제가 됐기 때문에, 투어를 코앞에 두고 제가 차를 몰아 우에다 씨와 C씨까지 셋이서 신요코하마의 이케아까지 가구를 사러 간 적이 있습니다. 책장을 사서 제가 직접 사무실로 날랐고, 일본에 남는 세 사람에게 '우리가 투어를 떠난 동안 책장을 조립해서 반드시 서류를 정리하면 좋겠다'고 지시해 뒀습니다. 그들은 그러겠다고 대답했고요.

그로부터 1주일쯤 뒤, 불안하던 투어가 일단 성공해서 편한 마음으로 일본에 돌아왔습니다. 투어 참가자들은 공항에서 해산합니다. 저도 우에다 씨도 지쳤지만, 제가 투어 출발일에 공항까지 차로 갔기 때문에 우에다 씨를 태우고 회사에 들러 기자재와 구입한 자료 등을 내려놓은 뒤 각자 집에 돌아가기로 했습니다. 나리타공항에 오후 8시쯤 도착했으니 저녁 식사를 하고 겐론에 도착한 때는 오후 11시 즈음이었던 것 같습니다. 사무실 문을 열었더니 도쿠히사, B씨, C씨 등 세 사람이 있었습니다. 이건 괜찮은데, 어이없게도 현관 근처에 조립하지 않은 책장이 1주일 전 상태대로 방치되어 있었습니다.

저는 정말 화가 났습니다. "정말 이런 식으로 할 거야? 지금 당장 책장을 조립해. 조립이 끝날 때까지 나는 절대로 집에 가지 않을 테니까." 이렇게 말하고는 시차와 장시간 비행 때문에 머리가 멍하고 힘이 없었는데도 이른 아침까지 책장을 전부 조립했어요. 우에다 씨도 남아서 도와주었습니다. 책장은 지금도 사무실에서 쓰고 있습니다.

이렇게 쓰면 어떤 독자들은 직원들에게 지나치지 않았냐며 비난할지도 모르겠습니다. 저도 지금이라면 그러지 않을 겁니다. 하지만 그때 회사에는 그 자리에서 '책장을 만들 것인가, 만들지 않을 것인가'가 중요한 문제였습니다. 책장 조립은 직원이 서류 정리의 중요성을 분명히 인식하는가, 그렇지 않은가를 보여 주는 시금석이었습니다. 한가할 때 하면 되는 일이 아니죠. 그러는 사이에 중요한 서류가 계속 분실됩니다. 그래서 저도 일부러 제 차로 이케아까지 책장을 사러 간 겁니다. 심야건 아니건 간에 이걸 양보하면 회사가 망한다는 위기감이 있었습니다. 2장에서 이야기했듯이 실제로 나중에 B씨가 그만두고 나서 서류 관리가 형편없었다는 것을 알 수 있습니다.

회사를 다시 일으키기란 어렵습니다. 저를 포함해서 회사 전체의 분위기를 바꿔야만 합니다. 그러는 동안『사상지도β』는 간행 중지 상태였지만 투어만큼은 무리를 해서 이어 갔습니다. 지금 돌이켜 보면 '관광객'의 사고(思考)에 있는 잠재성을 이미 깨달은 것 같기도 합니다. 결국 이것이 겐론을 재정적으로 다시 일으키는『겐론 0 관광객의 철학』의 성공으로 이어집니다.

고마쓰 리켄 씨의 '하마도리 통신'

이 장을 마치기 전에 이야기할 게 있습니다. 지금까지『후쿠시마 제1원전 관광지화 계획』이 실패였다고 거듭 말했는데, 제 마음속에서 그 후속으로 자리 잡은 것들이 있습니다. 그중 하나가 지금까지 이야기한 체르노빌 투어고, 다른 하나가 고마쓰 리켄(小松理虔) 씨의 작업입니다.

고마쓰 씨는 이와키시의 오나하마에 살면서 지역 만들기와 문화 알리기에 관여하고 있는 활동가입니다.『후쿠시마 제1원전 관광지화 계획』을 위해 취재하면서 알게 됐습니다. 2013년 가을이었습니다. 고마쓰 씨의 활동이 흥미로웠기 때문에 겐론이 발행하는 메일 매거진에 원고를 써 달라고 부탁했습니다. '하마도리 통신'이라는 연재였습니다.

고마쓰 씨가 보내온 원고를 읽어 보니 공부가 될 만한 내용인 데다 문장이 좋아서 대단한 필자를 찾았다고 흥분했습니다. 곧 장기 연재에 들어갔고, 최종적으로는 2018년 가을에 '겐론총서' 제1탄인 『신부흥론(新復興論)』으로 펴냈습니다. 이 책이 큰 화제가 됐고, 저자가 처음 쓴 책인데도 아사히신문사에서 주관하는 오사라기지로논단상(제18회)을 받았습니다. 고마쓰 씨는 지금도 오나하마에 살면서 도쿄의 매체를 통해 폭넓게 활약하고 있습니다.

고마쓰 씨가 이 책을 다음과 같이 소개합니다.

> 이 책은 후쿠시마현 이와키시에서 지진과 원전 사고를 겪은 뒤 식생활과 지역 만들기, 후쿠시마에서 목소리 내기에 관여하는 가운데 지진 이후 부흥에서 '현실의 실재'가 얼마나 높은 벽인지를 통감한 제가 그것에서 도피하듯 거듭해 온 실천과 사고를 정리했습니다.
> '먹는다/먹지 않는다', '찬성/반대' 등 논의가 쉽게 양분되고 당사자성과 당파성이 끼어들며 말하기가 점점 까다로워지는 한편 그 주변에서 압도적인 풍화가 진행되어 온 후쿠시마. 이

땅에서 어떻게 공간적·시간적인 '외부'를 되찾아야 할 것인가? 그리고 절망과 희망, 그 어느 쪽과도 거리를 두며 지역에 관계할 수 있는가? 지금까지 실천을 통해 본 "'비평적 지역' 만들기의 길"을 탐구했습니다.

고마쓰 리켄 『신부흥론』 특설 사이트
https://genron.co.jp/books/shinfukkou/

어떻게 '적'과 '우리 편'을 가르지 않고 많은 사람들을 끌어들여 지진 피해와 원전 사고에 대해 전해 나갈 것인가? 저는 이 문제의식에 『후쿠시마 제1원전 관광지화 계획』의 정신이 흐른다고 생각합니다.

고마쓰 씨는 중국에서 일본어 학교 교사를 하는 등 국내외에서 다양한 일을 경험한 끝에 지역으로 돌아가는 길을 선택한 사람입니다. 가이누마 씨와 고향이 같고 고등학교 선후배 사이이기도 합니다. 겐론과 일하는 것 때문에 후쿠시마 사람들에게 비판도 받은 모양입니다. 하지만 연재를 이어 나갔습니다.

고마쓰 씨의 책이 '관광지화'라는 말을 내세우지는 않습니다. 그럼에도 후쿠시마현 밖에서 찾아간 관광객에게 피해 지역을 안내하거나 후쿠시마 제1원전 밖 먼바다로 배를 타고 나가서 잡은 물고기의 방사선량을 측정하는 등 그의 활동을 보면 『후쿠시마 제1원전 관광지화 계획』과 뭔가 통하는 것을 느낍니다.

『신부흥론』이 오사라기지로논단상을 받은 것은 『후쿠시마 제1원전 관광지화 계획』에 기울인 노력이 헛되지 않았다고 비로소 세상이 말해 주는 듯해 제 일처럼 기뻤습니다. 이것도 '오배송'입니다. 고마쓰 씨는 철학서를 읽던 사람이 아닙니다. 우리가 만나기 전까지는 겐론에 대해서도 몰랐을지 모르죠. 하지만 지금은 제 철학을, 제가 생각지도 못한 방식으로 받아들이고 저는 할 수 없는 방식으로 실천에 옮기고 있어요. 이야말로 겐론이 하고 싶어 한 것입니다.

이 장에서는 지금까지 투어 사업이 매출은 적어도 겐론의 정신을 체현하는 중요한 사업이라는 것을 이야기했습니다. 대지진 이후 저는 출판을 통해 원전 사고 문제에 개입하려고 했습니다. 하지만 이건 실패로 끝났습니다. 이때 체르노빌 투어가 같은 개입을 다른 식으로 이어받아 제 철학의 다음 키워드가 되는 '관광객'을 실체화하는 구실을 맡아 주었어요. 이렇게 겐론은 창업기에 뿌린 씨앗을 시행착오를 거쳐 가며 어떻게든 키워 내고, 다시 성장하기 위한 걸음을 내딛게 됩니다.

다음 장부터는 그 두 번째 성장기에 대해 이야기하겠습니다. 이때도 역시 좋은 일만 있지는 않았죠. 매출이 회복되고 친구의 모임 회원 수도 증가하는 가운데 또 사내 문제로

삐걱대기 시작했습니다. 이 새로운 위기 속에서 저는 드디어 제가 애초에 품은 꿈이 유치하다는 걸 깨닫고, 겐론도 겨우겨우 안정된 조직으로 다시 태어납니다.

1장
시작

2장
좌절

3장
사람이 모이는 곳

4장
친구도 아니고 적도 아닌

**5장
재출발**

6장
새로운 계몽으로

성장기

겐론을 접어 버리자

2013년에 위기에 빠진 겐론은 2015년이 끝날 무렵에 겨우 회복 기미를 보였습니다. 그사이에 회원용 말고는 출판을 중단하고 그 대신 세 가지 사업을 시작했습니다. 2013년 2월에 시작한 겐론카페, 같은 해 11월에 시작한 체르노빌 투어, 2015년 4월에 시작한 겐론스쿨입니다. 모두 겐론의 '오배송', '관광객'의 정신을 체현하는 새로운 사업이었습니다.

겐론의 10년을 두 시기로 나누면 2015년까지를 1기, 2016년부터는 2기로 볼 수 있겠습니다. 경영에 무지한 채로 계속 갈팡질팡한 1기에 비해 2기에는 꽤나 그럴듯한 회사가 돼 갑니다. 그럼에도 사내가 안정됐다고 말할 수 없는 상황이 얼마 동안 이어졌습니다. 2018년까지 주기적으로 문제가 생겼습니다. 이해 말에 제가 대표 자리에서 내려오고 우에다 씨가 새 대표로 취임해 비로소 수습됐습니다. 대표를 변경한 날이 12월 21일입니다. 이때부터를 3기라고 해도 좋을 것 같습니다.

이해 말에 저는 겐론의 대표를 그만둘 뿐만 아니라 겐론 자체를 접어 버리겠다는 생각까지 했습니다. 이렇게까지 저를 몰아세운 것은 2013년과 달리 재정 위기가 아니라 저 자신의 정신적 약함에서 비롯한 문제입니다. 이 위기를 극복하는 과정에 제가 약한 자신과 마주하고 스스로 강해지자고 마음먹었을 뿐만 아니라 겐론을 강하게 만드는 것이 중요하다는 사실을 이해했습니다. 저의 어떤 면이 약했는지, 겐론이 강해진다는 것은 무슨 뜻인지 되돌아보겠습니다.

사상지 『겐론』 창간, 비평의 원점

2014년은 친구의 모임 회보 말고는 출판물을 내지 않고 저물었습니다. 전성기에는 저 외에 직원 여섯 명과 많은 아르바이트생이 있던 사무실에 앞 장에서 이야기했듯 다섯 명만 남았습니다. 이래서는 안 된다, 2015년에는 반드시 책을 내자고 결심했습니다. 결산을 둘러싼 혼란을 이겨 낸 다음, 편집자를 모집해 편집부를 다시 구축하기 시작했습니다.

이렇게 해서 창간한 잡지가 지금도 계속 펴내고 있는 사상지 『겐론(ゲンロン)』입니다. 창간호인 『겐론 1』을 2015년 12월에 펴냈습니다. 이때 겐론의 2기가 시작되었다고 할 수도 있겠네요.

『사상지도β』에서 『겐론』으로 바뀐 데는 저 자신의 반성이 드러나 있습니다. 『사상지도β』는 지금까지 이야기한 데서도 알 수 있듯이 매호를 아주 화려하게 만들었습니다. 매호의 스타일을 바꿨습니다. 늘 새롭게 하자는 생각이 있었고, 디자인에 공을 들였습니다. 하지만 이렇게 지면을 만드는 것은 방만한 경영 덕에 할 수 있었고, '나는 유명인이라 모험을 좀 해도 독자가 따라올 것'이라는 오만과 표리일체했습니다. 그래서 실패했죠. 출판을 다시 시작하면서 같은 실패를 반복해서는 안 된다고 생각했습니다. 이번에는 많이 팔리지 않아도 문제가 없도록 처음부터 예산을 줄여서 배정했습니다. 『겐론』의 예상 판매 부수가 1만 부 이하입니다. 그 대신 9호까지 3년간 정기적인 간행을 목표로 삼았습니다.

이 시기에는 친구의 모임 회원도 떠나가기 시작했습니다. 2014년 말의 회원 수는 1743명, 2015년 말에는 1751명이었습니다. 영락없이 제자리걸음이었죠. 회원 수가 거의 같으니 괜찮지 않냐고 생각할지도 모르겠습니다. 하지만 실제로 새 회원이 늘 가입하기 때문에 겐론을 뒷받침해 주던 회원들이 떠나고 있다는 뜻이었습니다.

이런 상황은 바람직하지 않기 때문에 『겐론』은 '원점 회귀'를 방침으로 내세웠습니다. 저는 원래 비평가고 겐론(컨텍스처스)의 출발점도 '새로운 비평'을 제시한다는 데 있었습니다. 『사상지도β』에서는 이 목표가 어느새 항공모함처럼 거대해져서 침몰을 맞았지만, 원점으로 돌아가서 전통적인 형식의 비평지를 성실히 만들면 오래된 독자가 돌아올 거라고 생각했습니다.

원점 회귀라는 방침은 『겐론 1』부터 『겐론 4』(2016년 11월)까지 1년간 편집의 기둥이 된 대형 기획 '현대 일본의 비평'에 잘 나타납니다. 이 기획은 저보다 일곱 살 정도 아래인 문예비평가 오사와 사토시(大澤聡) 씨와 함께한 것으로, 1990년대에 아사다 아키라와 가라타니 고진이 『비평공간』에서 기획한 '근대 일본의 비평'을 이어받는 식으로 구상했습니다. 일본 비평의 역사를 비평가가 모여 (어느 세대에게는 그리운 울림이 있는) '공동 토의'와 연표를 통해 돌이켜 보는 시도입니다. 나중에 이야기할 텐데, 이것이 호평받았고 특히 『겐론 4』는 두 차례나 증쇄할 정도였습니다.

또 다른 겐론이 가능했을지도 모른다

지금부터 할 이야기에 대해서는 당사자들에게 타진해

본 적 없고 지금까지 어디에서도 말하지 않은, 제가 남몰래 그려 보던 또 하나의 겐론입니다.

『겐론』을 2015년 12월에 창간했고, 2018년 11월에 『겐론 9』가 나왔습니다. 처음 예정한 대로 3년간 9호를 내고 '1기'를 마쳤습니다. (좀 복잡한데, 잡지『겐론』의 1기가 회사 겐론의 2기에 해당합니다.) 사실 저는 1기 동안 2기 이후『겐론』을 공동 편집하는 쪽으로 방침을 바꾸고, 장기적으로는 공동 편집자를 겐론의 직원이나 공동 경영자로 맞이하는 체제로 만들면 좋겠다고 생각했습니다.

구체적으로는 오사와 사토시 씨와 구로세 요헤이 씨, 지바 마사야 씨를 염두에 뒀습니다. 그 밖에도 떠오르는 사람이 있지만 핵심은 이들이었습니다. 오사와 씨는 앞에 이야기했듯 비평가로서 비평의 역사를 잘 알기 때문에 겐론의 정체성을 뒷받침해 줄 사람이 될 수 있다, 구로세 씨는 예술 학교의 전임강사로 활약하고 있으니 창작 부문을 담당해 주겠지, 지바 씨는 겐론과 깊은 관계는 아니지만 내 출발점이던 현대 사상이 전문 분야고 대학 쪽 네트워크가 있으니 학술에 관한 지원도 받을 수 있을 것이다. 무엇보다 이 세 사람은 내 작업도, 배경도 잘 알고 있다. 편집위원회를 만들어서 한 달에 한 번이라도 모이면 즐겁지 않을까?

지금 겐론을 보면 알 수 있듯, 이 구상은 실현되지 않았습니다. 아니, 그보다는 이런 구상을 꿈꾸던 약함을 자각함으로써 겐론의 3기가 시작됐다고 할 수 있습니다.

환상의 구상이 깨지다

지금은 앞의 구상이 구상으로 끝나서 다행이라고 생각합니다. 오해가 없도록 강조하는데, 구상이 실현되지 않은 것은 이들이 거절했다든가 관계가 나빠졌기 때문이 아닙니다. 애초에 이런 이야기를 그들에게 하지 않았습니다. 오사와 씨와 지바 씨는 간사이에 살아서 만날 기회가 거의 없었고, 구로세 씨는 스쿨을 확장하느라 바빴죠. 이럭저럭하는 사이에 나중에 이야기할 혼란이 찾아왔고, 결국 정식으로 제안하는 데까지 이르지 못한 겁니다.

하지만 제안했어도 깨끗이 거절당했을지 모릅니다. 오사와 씨와 지바 씨는 대학에 적을 두고 있으니, 잡지 편집에는 관여해도 경영에는 본격적으로 신경 쓰기가 어려웠겠죠. 구로세 씨는 어딘가에 소속되지 않았지만 예술 이외에 관심을 쏟았을지는 모를 일이고요. 덧붙이자면 이 구상에는 변함없이 비슷한 연령의 남성뿐이라서 이것을 '새로운 겐론'이라고 주장했다면 다양성이 없다고 비판받았을 겁니다. 여러 의미에서 포기해야 하는 구상이었습니다. 나중에 다시 이야기할 텐데, 이 구상에는 다양한 실패를 거쳐 2기에 접어들었는데도 제가 1기 겐론의 꿈을 포기하지 않았다는 사실이 단적으로 드러납니다.

저는 원래 겐론이라는 회사를 우노 쓰네히로 씨나 하마노 사토시 씨 등 저보다 일곱 살, 열 살 정도 젊은 필자와 같이 하려고 했습니다. '새로운 필자가 합당하게 대우받는 공간을 만들고 싶다'거나 '비슷한 일을 하는 사람들을 모아서 같이 이야기 나누는 장소를 만들고 싶다'는 바람이 출발점이었습니다. 넓게 보면, 제가 '동료'를 모으고 싶었던 거죠. 그리고 이 꿈은 우노 쓰네히로 씨와 하마노 사토시 씨가 떠나가고 『사상지도β』 발행을 그만둔 뒤에도 버리지 못한 채 남겨두고 있었습니다. 그래서 『겐론』의 성공과 더불어 '새로운 동료를 모으면 이번에야말로 잘되지 않을까?' 하고 생각했습니다. '동료를 모은다'는 발상 자체에 문제가 있다는 사실을 깨닫지 못했어요.

어쨌든 이런 생각 때문에 『겐론』 1기의 차례에는 겐론에 대한 환상의 구상이 반영되었습니다. 앞에서 이야기했듯 '현대 일본의 비평' 특집은 오사와 사토시 씨가 중심이 되었습니다. 구로세 씨도 『겐론 3』의 미술 특집과 『겐론 8』의 게임 특집에서 큰일을 맡았습니다. 지바 씨는 거의 등장하지 않지만 『겐론 7』에 실은 지바 씨와 저 그리고 철학자 고쿠분 고이치로(國分功一郎) 씨의 정담(鼎談)을 단행본으로 펴내려고 눈여겨보았죠. 카페 행사나 스쿨의 강사진도 당시 제가 이런 구상을 했다는 사실을 알고 나서 목록을 다시 살펴보면 '역시 그랬구나.' 싶은 측면이 있을 겁니다.

거침없는 진격

『겐론 4』의 영향력

경영 이야기로 돌아가지요. 창간호인 『겐론 1』은 원점 회귀를 독자가 긍정적으로 받아들여 준 덕에 아주 좋은 반응을 얻었습니다. 이듬해인 2016년부터 경영이 안정되고 직원도 다시 늘었습니다. 앞에 말한 『겐론 4』는 특히 독자의 평이 좋았습니다. 여기에 '현대 일본의 비평'을 총결산하는 뜻에서 4만 자나 되는 아사다 아키라 씨의 인터뷰를 실었습니다. 아사다 씨가 편집한 잡지(『비평공간』)에서 제가 등단했기 때문에 문자 그대로 원점 회귀로서 독자가 안심했는지도 모릅니다. 저 자신도 아사다 씨와 오랜만에 이야기를 나눌 수 있어서 기뻤고, 이 인터뷰를 계기로 이듬해인 2017년에는 겐론카페에서 아사다 아키라 씨의 환갑을 축하하는 모임까지 열 수 있었습니다. 이 자리에는 이소자키 아라타(磯崎新)* 씨와 음악가 사카모토 류이치(坂本龍一) 씨가 와 주셨습니다.

『겐론 4』가 팔렸다고는 해도 인쇄 부수가 1만 1000부입니다. 『사상지도β』에 비해 적지만, 우선 여기에서 시작한다고 생각했습니다. 대형 서점인 준쿠도서점과 기노쿠니야서점에서 북페어를 기획해 주었고, 출판사 고단샤에서는 '현대 일본의 비평' 특집을 단행본화하고 싶다고 제안해 왔습니다. 당시 겐론은 단행본을 만들 여유가 없었기 때문에 기꺼이 이를 부탁했습니다.

'아(亞)인텔리'가 뒷받침하다

『겐론』의 성공을 계기로 2기에는 친구의 모임 회원 수가 늘었습니다. 잠깐 숫자를 보지요. 회원 수의 추이를 보여주는 그래프를 준비했습니다. 친구의 모임 회기도 실제로는 '1기'·'2기' 등으로 부르는데, 이해하기가 어려울 것 같아서 '2010~2011년기(1기)'·'2011~2012년기(2기)' 등으로 정리해 봤습니다.

친구의 모임은 2015~2016년기까지 해마다 7월에 회기를 시작했습니다. 2016~2017년기는 8월에 시작했고,

● 　포스트모더니즘 건축의 거장으로 불리며 프리츠커상을 받았다.

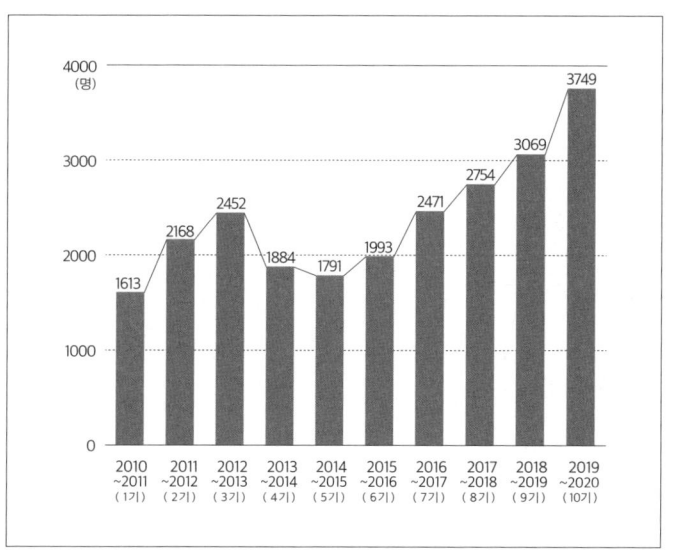

겐론 '친구의 모임' 회원 수(2010~2020년)

2017~2018년기 이후 10월에 시작하고 있습니다. 시작하는 달이 어긋난 것은 약속한 간행물을 회기 중에 내지 못해서 회기를 연장해야 했던 경우가 두 번 있기 때문입니다.

그래프를 보면, 친구의 모임이 2010년부터 2013년까지 확실히 성장하고 있었는데도 2013년에 좌절을 겪으면서 회원이 떠난 것을 잘 알 수 있습니다. 이 정체가 2015년까지 이어지다『겐론』이 나오고 나서야 겨우 증가세로 돌아섭니다. 친구의 모임 회원이 2015~2016년기 이후, 즉 겐론이 2기에 들어서면서부터는 착실히 증가합니다. 2018~2019년기에는 3000명을 넘었습니다. 결국 2019~2020년기 회원 수는 3700명을 넘었습니다. 2기 5년 동안 회원 수가 거의 두 배가 된 겁니다.

친구의 모임 회비는 연간 1만 엔(세금 별도)인데, 회원 등급이 있기 때문에 이들이 내는 평균 금액은 한 사람당 1만 2,000엔이 조금 넘습니다. 1000명이 늘면 1200만 엔이 더 들어오지요. 회원 수가 늘어도 운영비는 (회원 수에 비례해서 느는 우편요금 말고는) 그다지 변화가 없어서 회원 수 증가는 무척 고마운 일입니다.

이 기회에 회원들의 이력도 살펴보겠습니다. 친구의 모임은 가입할 때 성별을 묻지만 꼭 답해야 하는 건 아닙니다. 2020년 9월 기준으로 응답자 중 남성이 88%, 여성이 12%이며 답하지 않은 사람이 30% 정도입니다. 카페에 오는 손님이나 스쿨 참가자 중 여성이 늘고 있지만 친구의 모임은 아직 남성 중심입니다.

연령은 10대부터 70대까지 폭넓게 분포하는데 평균 연령이 38세로서 저보다 한 세대 아래가 중심입니다. 주소는 도쿄도가 43%, 도쿄를 포함한 간토 지방이 61%로 회원이 수도권에 편중되어 있습니다. 겐론카페가 도쿄에 있으니 어쩔 수 없는 일인지도 모르겠네요.

직업별 그래프를 보겠습니다. 이것도 2020년 9월 자료입니다. IT쪽 일을 하는 사람이 가장 많다는 사실에 놀랄지도 모르겠습니다. 이들은 문과 학생보다 비율이 높고, 교육 관계자와 자영업자가 뒤를 잇습니다. 겐론 지지자는 인문 쪽 출판이나 대학 관계자만 있는 게 아니고 IT 기업가나 엔지니어, 자영업자가 꽤 많습니다.

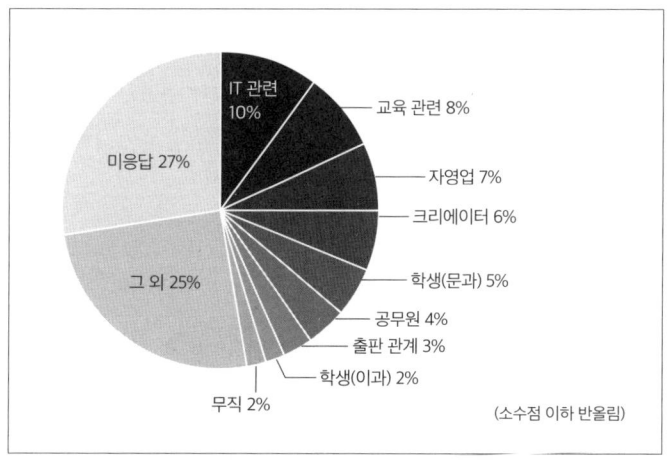

회원의 직업(2020년 9월)

트위터에서 보이는 반응으로도 이를 실감하게 됩니다. 정치학자 마루야마 마사오(丸山眞男)가 2차세계대전 직후에 대학교수나 매체 관계자 같은 '인텔리'●와 초·중등학교 교

● 러시아어 '인텔리겐치아'에서 온 말로서 지식과 교양을 갖춘 사람, 지식층, 지식인을 가리킨다.

원이나 공무원, 지방 유지 같은 '아(亞)인텔리'를 나눴습니다. 지금 보기에는 문제가 될 분류지만, 굳이 이를 원용하자면 겐론은 '아인텔리'와 상당히 가까운 회사입니다. 이것은 앞에서도 이야기했듯 아카사카의 실내장식 업자였던 제 할아버지에게 받은 영향 그리고 중도적인 제 정치 성향과 관계있는지도 모르겠습니다.

다시 말하지만, 친구의 모임이 다시 활발해지는 계기가 된 것이 『겐론』입니다. 마지막으로, 2016년 말 회원 분들에게 '겐론에 기대하는 것'을 물어본 결과를 보겠습니다.

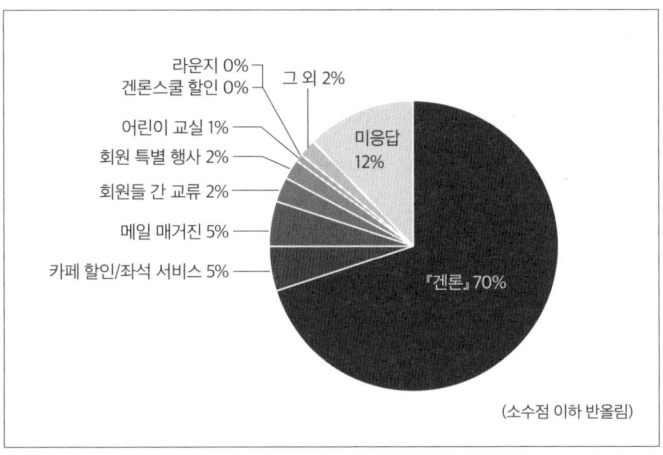

친구의 모임에 기대하는 것(2016년 12월)

이 그래프를 보면 당시 압도적으로 많은 회원이 품은

『겐론』에 대한 기대를 알 수 있습니다. 하지만 『겐론』은 '원점 회귀'가 주제였기 때문에, 지금 돌이켜 보면 인문계 '인텔리'를 겨냥한 기획이 많았습니다. 그래서 서점에서 환영받았겠지만, 한편으로는 '아인텔리' 회원에게 다가갈 만한 확장성이 결여된 것 같기도 합니다. 이 모순이 제 안에서 줄곧 풀리지 않으면서 2018년 말에 겪은 위기의 원인이 됩니다. 2019년 가을부터 개편해 지금 발행하고 있는 2기 『겐론』은 이때보다 차례에 다양성이 드러날 겁니다.

『겐론 0 관광객의 철학』이 거둔 쾌거

다시 경영 이야기를 하겠습니다. 2015년, 2016년에 서서히 상향하던 경영 상황이 2017년 4월에 펴낸 『겐론 0 관광객의 철학』이 성공하면서 결정적으로 좋아졌습니다. 드디어 매달 재정 상황에 신경 쓰지 않고 침착하게 장기 목표를 세울 수 있게 됐습니다.

『겐론 0 관광객의 철학』이라는 제목이 이상한데, 이렇게 된 이유는 책의 「들어가며」에 밝혔습니다.

> 이 책 또는 잡지는 출판사 겐론이 2015년 12월에 창간한 비평지 『겐론』의 뒤늦은 창간 준비호(0호)이자 겐론이 2011년 12월에 창간한 무크지 『사상지도β』가 3년 반이라는 공백 끝

에 내놓는 종간호(5호)이며 나, 아즈마 히로키가 2016년부터 2017년 사이 겨울에 새로 쓴 철학서이기도 하다. 이 책을 잡지로 볼지 단행본으로 볼지는 유통상의 분류 문제일 뿐 본질적인 문제는 아니다. 어쨌든 나는 광고와 편집 후기를 제외하고 이 책의 처음부터 끝까지 모든 글을 직접 썼다.

사실 이 글은 『관광객의 철학』이 친구의 모임 회원에게 이미 돈을 받았는데도 『후쿠시마 제1원전 관광지화 계획』의 실패 때문에 펴내지 못한 『사상지도β』 5호 대신 쓰인 책이라는 뜻입니다. 『사상지도β』 5호=『겐론』 창간 준비호=제 새 책이라는 기묘한 구실을 맡은 책이 됐죠.

친구의 모임 회원이 되면 원래 패키지로 겐론의 상업 출판물을 받습니다. 그래서 당연히 매년 올해에는 이러이러한 책을 보내겠다고 약속합니다. 하지만 2014년부터 2015년까지는 책을 한 권도 만들지 못했습니다. 당연히 이게 부채로 남아 있었죠. 그렇다고 해도 『겐론』과 나란히 다른 잡지를 편집해서 보내기에는 체력적으로 불가능해요. 어쩔 수 없으니 책 한 권을 새로 써야 한다, 이래서 만든 책입니다.

『관광객의 철학』은 대성공을 거뒀습니다. 마이니치출판문화상과 북로그 대상[•]을 받았고 신문과 문예지를 비롯한 잡지 등 많은 매체에 서평이 실렸습니다. 아마존 서점 '현대

사상 부문'에서는 3월 27일부터 7월 31일까지 무려 127일 동안이나 연속 1위를 기록했습니다. 인쇄 부수도 3만 부를 넘었습니다.

저는 오랫동안 아카데미즘에서 떠나 있었고 논단에서도 사라졌습니다. 특히 2014년 이후에는 겐론을 다시 일으켜 세우느라 바빠서 매체에도 별로 등장하지 않았기 때문에, 젊은 미디어 관계자에게는 '과거의 사람' 취급을 받았습니다. 이런 가운데 성공했으니 각별히 기뻤습니다. 사회학자 하시즈메 다이사부로(橋爪大三郎) 씨는 마이니치신문 서평란에 이렇게까지 써 주셨습니다. "저자는 사상이 자라지 않는 이 포스트모던의 시대에 진지하고 긍정적으로 철학자의 책임을 맡고자 한다. 어디까지나 논리적인 그 자세에는 눈물이 날 것 같다. 유럽과 미국의 사상가 중 누구도 시도하지 않은 과감한 도전이 여기에 있다." 마이니치출판문화상 심사평에서는 심사위원인 철학자 와시다 기요카즈(鷲田清一) 씨가 책의 내용뿐만 아니라 겐론의 활동 자체를 높이 평가한 것도 시상 이유 중 하나라고 이야기해 주셨습니다. 이 말씀도 기뻤습니다.

『관광객의 철학』은 어디까지나 철학서입니다. 하지만 그 내용은 지금까지 이 책에서 이야기한 '관객'과 '커뮤니티',

- 북로그는 자신만의 책장을 만들고 감상을 남길 수 있는 일본의 독서 관리와 기록 서비스 사이트다.

'관광객'이라는 개념을 철학의 언어로서 전개하며 관광지화 계획의 실패와 겐론카페, 겐론스쿨, 체르노빌 투어 같은 경험이 없었으면 못 썼을 겁니다. 이런 것들이 마침내 좋은 평가를 받아 감개무량했습니다.

인디펜던트 인스티튜트

홍콩에 저보다 한 세대 아래인 철학자 후이육(許煜, Yuk Hui)이라는 친구가 있습니다. 그가 영어로 겐론을 소개하며 '인디펜던트 인스티튜트Independent Institute'라고 해 준 적이 있습니다. 아, 인스티튜트가 정말 좋은 말이라고 생각했습니다. 이때까지 저는 영어로 겐론을 설명할 때 회사company라는 말을 써서 작은 출판사small publishing company라고 했지요. 분명 겐론은 출판사로서 출발했고 지금도 출판을 하고 있습니다. 하지만 그뿐만이 아니죠. 카페, 스쿨, 투어. 이 모든 것이 하나가 되어 겐론의 정신을 만들어 내고 있어요. 그래서 스스로 '출판사'라고 하면서도 위화감이 있었습니다. 그렇다고 '이벤트 기획사'나 '교육기관'도 아니지요. 후이육이 이런 다양성을 잘 파악하고 '인디펜던트 인스티튜트'라는 말을 썼다고 생각합니다. 일본어로는 잘 표현할 수 없는 인스티튜트는 사전적으로 '연구소', '학회', '전문학교' 등을 뜻합니다. 하지만 좀 더 넓게 제도 일반을 가리키기도 하고, 스스로 독립적으로 시스

템을 만들어서 독자적으로 사람들이 모여 생각하는 장소를 만들고 있는 겐론을 가리키는 말로 꼭 들어맞는다는 느낌이 듭니다.

원전 반대 운동의 기수로 알려진 물리학자 다카기 진자부로(高木仁三郎) 씨가 쓴 『시민의 과학(市民の科学)』이라는 책이 있습니다. 그가 설립한 '원자력자료정보실'에 대한 생각을 담은 책인데, 문과와 이과라는 차이는 있어도 뜻이 통한다고 느꼈습니다. '원자력자료정보실'은 비영리단체고 겐론은 주식회사라는 차이가 있지만, 다카기 씨가 연구와 조사의 독립성을 유지하는 데 개인의 찬조금이 가장 중요하다고 호소하는 부분에 특히 공감했습니다. 겐론도 문과의 대안적 연구소를 공적 자금이나 대기업의 힘을 빌리지 않고 개인의 힘으로 꾸려 나가는 기획이라고 할 수 있습니다.

최근에는 미술이나 연극 분야에서 체제를 비판하는 작품이나 작가에게도 공적 지원을 해야 하는가에 대한 논의가 많아졌습니다. 저는 물론 체제를 비판하는 작품이나 작가에게도 공적인 지원을 해야 한다고 생각합니다. 하지만 저 자신은 체제 비판을 위해 공적 지원을 받고 싶지는 않습니다. 겐론이 그런 지원을 받아야 한다고도 생각하지 않습니다.

저는 오히려 이 책 첫머리에서도 이야기했듯 '얼터너티브한 것'에 관심이 있습니다. 권력과 반권력, '친구'와 '적'

을 가르는 이분법을 떠나 자유롭게 사람이 모이거나 생각할 수 있는 '인디펜던트 얼터너티브 인스티튜트'. 이것이 겐론의 이상(理想)입니다.

성공의 한 걸음 앞은 어둠

『관광객의 철학』이 성공하면서 겐론은 이상에 가까이 다가간 것처럼 보였습니다. 마침내 겐론에서 '연구 성과'가 나왔다고 할 수 있었기 때문입니다. 하지만 그 이면에는 심하게 일그러진 마음이 있었습니다. 원래 이 책은 앞서 말한 것처럼 겐론이 회사로서 약속한 잡지 간행을 실현할 힘이 없으니 저 혼자 써내야겠다는 판단에서 나왔습니다. 당시에는 그것만으로도 괜찮다고 생각했습니다.

경영 면에서 분명 효율이 높은 선택이지요. 저는 겐론의 임원이라서 겐론이 저에게 고정된 임원 급여 외에는 줄 수가 없습니다. 즉 겐론은 『관광객의 철학』 인세를 줄 필요가 없습니다. 기획도 집필도 제가 하니까 인건비도 거의 들지 않습니다. 제가 오랫동안 다듬은 생각을 쓸 뿐이니 취재비도 들지 않습니다. 비용은 외주 교정·교열비와 조판비, 인쇄비 정도입니다. 정가 2,300엔(세금 별도)짜리 책을 3만 부 찍고 2만 부가 팔리면 유통에서 가져가는 몫을 빼고도 3,000만 엔 정도가 겐론에 들어온다는 계산이 나옵니다. 이와 더불어 이 책보다 먼저 펴낸 책도 팔립니다. 경영자로서 처음에는 이게 대성공이라고 생각했습니다. 2016년까지 회사가 불안정해서 직원들이 고생했기 때문에, 늘어난 수입을 환경 개선에 썼습니다. 우선 6월에 우에다 씨를 이사로 승진시키고 전체적으로 임금을 올렸습니다. 직원도 모집했습니다. 이 시기에 입사와 퇴사가 잦아서 수치로 보여 주기는 어렵지만, 회사 규모가 순식간에 1기보다 커졌습니다. 사무실에는 늘 사람이 있어서 활기가 넘쳤습니다.

하지만 다른 한편으로 석연치 않은 기분을 느끼기 시작했습니다. 『관광객의 철학』이 성공해서 직원들이 들떠 있었지만, 이 책과 관련해 회사는 거의 아무것도 하지 않았어요. 영업 회의에서 어디에 영업하라든가 누구누구에게 책을 보내라고 지시한 사람도 대부분 저였습니다. 어떻게 해야 책이 팔리겠다는 것을 가장 잘 아는 사람이 저자 자신이니까 어쩔 수 없지만, 내가 쓰고 내가 출판하고 영업 전략까지 내가 생각해야 하나 싶어 점점 피곤해졌습니다.

2017년 5월에는 300만 엔 정도를 들여 겐론카페에 방송 부스를 새로 만들고 조명 기자재도 새로 갖췄습니다. 스트리밍의 질이 좋아지고 방송 매출도 늘었지만, 직원이 부스를 개인 사무실처럼 쓰면서 쾌적하게 일하는 모습을 보고 복잡한 마음이 들었습니다. 2020년 현재 겐론은 사무실이 둘이고, 저와 대표는 새 사무실에 저마다 독립된 부스를 갖고 있습니다. 하지만 이때는 옛 사무실에 열 명 가까운 직원이 복작대고 있어서 사무실에서 원고를 쓰는 건 꿈도 꾸지 못할 상황이었습니다. 그래서 『관광객의 철학』 원고는 사무실에서 쓰지도 못했습니다. 집필한 곳은 저희 집과 2주 정도 완전히 틀어박혀 있던 호텔이죠. 자료가 가득 들어 무거운 짐 가방을 집필 장소까지 끌고 가서 맥북 앞에 쭈그리고 앉아 쓴 원고를 겐론은 그저 받기만 했어요. 그런데도 그 원고로 번 돈으로 직원이 먼저 개인 사무실을 갖는다, 제가 결정하고도 불만이 쌓인 겁니다.

 단, 이때는 불만의 존재를 자각하지 못했습니다. 오히려 적극적으로 깨닫지 않으려고 애썼습니다. 하지만 이게 좋지 않았어요. 이 억압이 결국 이듬해 말의 해산 위기로 이어집니다.

해산 위기

젊은 엔지니어의 등장과 다시 찾아온 실패

2017년부터 2018년까지 『관광객의 철학』이 큰 성공을 거두는 한편 카페와 스쿨도 잘되고 있어서 사회적으로 겐론은 순조롭게 운영되는 것처럼 보였을 것 같습니다. 저도 그렇게 생각했습니다. 하지만 이면에서는 또다시 붕괴의 조짐이 나타났습니다. 여기에는 안타깝게 1기 때와 똑같은 실패도 있었습니다. 인간은 아무리 반성해도 같은 실패를 거듭합니다. 그러니 경계를 늦추면 안 되지요. 이 교훈을 전하는 것도 이 책의 목적 가운데 하나입니다.

무엇보다 경영 상황이 좋아졌기 때문에 제가 또다시 몽상적인 거대한 계획을 생각하게 되었습니다. 수입이 3,000

만 엔 늘었다고는 해도 인건비를 비롯한 고정비용이 올라가면 순식간에 녹아 없어질 금액입니다. 그래도 당시 저는 그런 현실에서 눈을 돌리고 이러저러한 일들이 될 것 같다는 꿈을 부풀렸어요. 전과 달라진 게 없었죠.

그래서 계획하기 시작한 것이 동영상 스트리밍 플랫폼 개발입니다. 사실 이건 오랜 꿈이었습니다. 겐론카페 수익이 스트리밍에서 나온다고 앞에 말했는데, 스트리밍은 니코니코생방송에서 하기 때문에 드완고에 수수료를 지불해야 합니다. 이 수수료가 무시할 수 없는 금액이 돼 줄이고 싶다는 생각이 있었습니다.

돈 문제뿐만 아니라 진정한 '독립' 인스티튜트가 되려면 스트리밍도 독립해야만 한다는 생각이 있었습니다. 드완고 창업자로서 일찍이 대표를 지낸 가와카미 노부오 씨는 무척 매력적인 분이지만, 그만큼 자기주장이 강하고 인터넷에서 극단적인 정치적 견해를 발표할 때도 드물지 않았습니다. 그와 관련한 '댓글 사태'를 볼 때마다 겐론의 채널이 폐쇄되는 상황이 닥치면 곤란하다는 생각에 불안감을 느꼈습니다. 지금은 체제가 바뀌어서 불안감이 없습니다. 하지만 당시에는 현실적으로 그렇게 느꼈습니다. 불안감을 없애기 위해서라도 우리만의 플랫폼이 있으면 좋겠다고 생각하기 시작했습니다. 유튜브에서 하면 되지 않느냐고 생각할지도 모르지만 유튜브에서는 생방송 프로그램을 팔 수 없습니다. 겐론카페는 니코니코생방송의 판매 방식에 맞춰 프로그램을 짜 왔기 때문에 유튜브처럼 슈퍼챗* 모델을 채용하면 방송의 성격이 달라져 버립니다.

    이때 젊은 엔지니어인 D씨가 나타났습니다. 그는 『사상지도β』 시절부터 고등학생으로서 독자였기 때문에 이때 나이가 20대 초반이었습니다. 이해 5월 9일, 『관광객의 철학』을 출판했기 때문인지 옛 친구들이 모여 제 생일 축하 술자리를 열어 주는 드문 일이 있었어요. 이 자리에 D씨가 불쑥 나타났습니다. D씨는 그사이 엔지니어가 되었고, 큰 IT 기업에서 활약하는 것 같았습니다. 그래서 동영상 스트리밍 플랫폼을 개발하고 싶다는 이야기를 꺼냈더니 개인 자격으로 그 일을 맡겠다고 말했어요. 반신반의하면서도 부탁해 보기로 했습니다. 명목상 업무 위탁비를 받고 매달 며칠만 우리에게 와서 일하는 계약을 했습니다.

    하지만 일이 잘 풀리지 않았어요. 성과는 없이 계약금이 올라갔습니다. 자기 업무만 보조하는 직원을 고용하고 싶다든가 따로 공유 사무실에 들어가고 싶다는 등 여러 요구가 나왔습니다. 성과 없이 반년 넘는 시간이 흘러서 개발을 중지하겠다고 통고했는데, 아즈마 씨가 개발 팀에 들어오지 않으

*   생방송 중 시청자가 채팅창을 통해 후원금을 내는 형식의 프로그램이다.

면 일이 돌아갈 리 없다고 해서 저도 매주 회의에 참가하게 됐습니다. 그래도 개발은 진전되지 않은 채 계획이 커지기만 했습니다. 급기야 이 서비스는 반드시 성공할 테니 실현되면 회사 경영에도 참여하고 싶다는 요구까지 나와 거기서 중단했습니다. 이때까지 나온 결과는 다 헛것이 됐습니다.

D씨가 엔지니어로서는 뛰어났던 것 같습니다. 겐론과 관계가 끊어진 뒤에 자기 회사를 세워 성공했습니다. 하지만 겐론에 대해서는 잘 몰랐어요. 이런 사람을 끌어들인 것은 제 책임입니다. 계약을 해지한 때가 2018년 6월이니 상당한 시간을 허비하고 말았습니다. 2013년에 겪은 실패를 반복한 겁니다.

단, 마지막 장에서 이야기할 텐데 이 플랫폼 계획이 시행착오를 반복하면서 계속 이어져 결국 2020년 10월에 간신히 플랫폼을 개설했습니다. 만약 성공하면 이것도 '오배송'의 한 예가 될지 모르겠습니다.

오른팔이 되고 싶습니다

이 시기에 이런 일도 있었습니다. 대표 교체의 직접적 이유가 된 사건입니다.

겐론에서 총무는 2012년부터 2013년 여름까지 A씨, A씨가 퇴사한 뒤에 B씨가 맡았습니다. B씨도 2015년 초에 퇴사해 버려 무척 힘들었다는 사실은 2장에서 이야기했습니다. B씨가 가고 난 뒤 총무는 저와 우에다 씨와 도쿠히사, 셋이 나눠 맡았습니다. 하지만 영수증을 정리하고 입력할 보조가 필요해서 따로 고용하기로 했습니다. 그래서 임시직으로 일하기 시작한 사람이 E씨입니다. 따로 일하는 곳이 있던 E씨는 겐론에 주 2일만 나왔습니다.

그러다 E씨가 겐론에서 일하는 날을 늘리고 경리에 더해 총무와 인사도 맡게 됐습니다. 우리 셋은 저마다 일이 편해지니 처음에 환영했습니다. 2017년에 우리 쪽에서 제안해 전일제 계약직 사원이 된 E씨가 그 뒤에는 거꾸로 임시직 사원을 면접하고 채용을 결정했습니다. E씨는 사내 개혁에도 열심이라서 슬랙과 트렐로 같은 프로그램*을 도입하고 매일 늦게까지 일했습니다.

그런데 2018년이 되자 인건비가 늘어나서 회사 전체의 운영이 어려워졌습니다. 임시직 관리를 맡은 E씨에게 교대 근무의 시간을 줄이라고 지시했지만 전혀 달라지지 않았습니다. 오히려 새로운 사람을 뽑고 싶다고 말하는 상황이라 이때쯤 뭔가 이상하다고 생각했습니다. 이와 동시에 다달이 경비 보고가 늦어지는데 경리가 어떻게 되고 있는지 물어봤더니, 다시금 경리 업무가 오랫동안 방치된 것이 드러났습니

● 　　주로 기업에서 쓰는 업무 협업 프로그램이다.

다. 9월이나 10월의 일입니다. '아니, 또?' 그럴 겁니다. 저도 그렇게 생각했습니다. 제 관리 실수입니다.

같은 실패를 반복하는 게 지긋지긋했지만, 어쨌든 E씨가 경리를 맡아 줘야 했기 때문에 그에게 총무 일은 그만두고 경리 업무에 집중해 달라고 했습니다. 그런데 이게 그의 자존심을 자극했는지 "저는 이미 경리를 볼 상황이 아닙니다. 아즈마 씨 오른팔이 돼 겐론을 뒷받침하고 싶습니다." 하고 호소하더라고요. 조정해 보려고 했지만 결국 합의에 이르지 못하고 E씨가 10월 말에 퇴사하겠다는 말을 꺼냈습니다.

분파 활동이 일어나다

이뿐이라면 좋았겠지만 사태는 E씨의 퇴사로 끝나지 않았습니다. 나쁜 일은 겹치게 마련입니다. 이때 편집부는 '번뜩이는☆만화교실'의 강의록인 무크지 『만화가가 된다!(マンガ家になる!)』(2018년 11월)를 만들고 있었습니다. 이 책의 디자인에 또다시 이상할 정도로 집착하는 바람에 (또다시 같은 실패로) 경비가 불어나고 야근 시간이 늘어 사내에서 불만이 커졌습니다. 회사 전체적으로도 자금 순환이 급속히 악화되면서 몇 년 만에 대출을 신청했습니다.

이런 가운데 총무와 인사, 경리를 혼자 맡고 있던 E씨가 사라지니 회사 전체가 크게 동요했습니다. E씨가 퇴사하면 겐론이 망한다고 심각한 얼굴로 저에게 말한 직원도 있습니다. 저는 제가 벌고 있기 때문에 겐론이 유지된다고 생각했지만, 직원이나 아르바이트생 들이 보기에는 늘 사무실에서 그들과 상담해 준 E씨야말로 '기둥'으로 보인 겁니다.

경영과 총무가 비슷해 보이지만 전혀 다릅니다. 경영은 돈을 벌어야만 합니다. 총무는 돈을 쓰기만 합니다. 하지만 직원에게는 총무야말로 경영을 하는 것처럼 보이죠. 제가 이때 처음으로 사태의 심각성을 깨달았습니다.

E씨 퇴사의 여파로 2018년 11월부터 12월까지 직원과 아르바이트생이 퇴사하겠다고 말하는 날이 계속 이어졌습니다. 저는 대표로서 그들 모두와 면담해야 했기 때문에 '다들 이렇게 겐론이 싫었나?' 하고 정신적으로 급속히 위축됐습니다. 어느 젊은 직원이 툭 던지듯 "겐론에서 일해서 즐거웠던 적이 없어요."라고 했을 때는 엄청난 굴욕감을 느꼈습니다. 옆에서 같이 면담하던 우에다 씨는 충격에 눈물을 뚝뚝 흘렸습니다. 우에다 씨는 그 직원을 좋게 평가하고 응원하고 있었거든요. 저는 우에다 씨를 말려들게 해서 정말 미안한 마음이 들었고 후회에 짓눌리는 것만 같았습니다.

이러는 가운데 저 자신도 점점 겐론에 진절머리가 나기 시작했습니다. 이 두 달 동안 여러 사람으로부터 겐론에 짓눌리고 있다는 말을 들었지만, 앞에서 이야기했듯 저 자신도 『관광객의 철학』 출판 이후 겐론에 착취당한다는 불만을 품고 있었습니다. 겐론을 저 자신이 경영하고 있으니 제가 저에게 '착취'당한다는 건 이상한 말입니다. 하지만 감정적으로는 그렇게밖에 표현할 수 없는 불만을 느꼈습니다. 줄곧 억압되어 있던 마음이 급속히 겉으로 드러나기 시작했습니다. '나는 경력도 버리고, 명성도 버리고, 수입도 버리고 8년 동안 줄곧 겐론에 모든 것을 바쳤다. 하지만 아무도 좋게 평가해 주지 않는다. 그러기는커녕 직원들에게 미움받는다. 이제 여기에 관여하고 싶지 않다.' 이런 마음으로 점점 기울었습니다.

그래도 어떻게든 일을 계속했지만, 12월 셋째 주에 E씨가 합의한 퇴사일이 아닌데 인수인계도 하지 않은 채 회사에 나오지 않고 그대로 사라졌습니다. 정리되지 않은 채 상자에 처박혀 있는 영수증, 파일에 꽂힌 상태로 책상 위에 쌓인 계약서와 청구서, 그리고 유용한 데이터가 거의 없는 컴퓨터가 남았을 뿐입니다. 저는 새 사무실(앞서 이야기한 별도의 대표용 사무실로 2018년 3월에 완성했습니다.)의 회의실로 이것들을 옮기고 도쿠히사와 둘이서 다시 2015년 봄처럼 묵묵히 서류 정리를 시작했습니다. 이때는 라벨 인쇄기가 있어서 라벨 만들기가 좀 편했습니다.

그리고 그다음 주 월요일이던 17일 한밤중에 저는 결국 견딜 수 없어졌습니다. 겐론을 해산하기로 했습니다. 겐론이야 어떻게 되든 모르겠다는 심정으로 이른 아침에 트윗을 올리고 잤습니다. 일어나서 출근한 뒤에는 우에다 씨와 도쿠히사를 만나서 이런 일이 반복되면 내 인생이 겐론에 짓눌릴 것 같다, 겐론은 아무도 행복하게 해 주지 못한다, 당신들에게는 정말 미안하다, 나는 이제 관둘 테니 당신들도 자유롭게 하고 싶은 대로 하라고 말했습니다. 저는 진심이었습니다.

정신이 서서히 무너지고 마음이 꺾이다

지금 생각하면 2018년 10월부터 12월 사이에 제 정신의 균형이 서서히 무너진 것 같습니다. 그 계기 가운데 하나는 10월에 있었던 직원 회식인지도 모릅니다. 직원 중심으로 모이는 자리로 젊은 아르바이트생이 많았습니다. 저와 우에다 씨는 임원이고 나이가 40대라서 가지 않겠다고 했습니다. 하지만 2차는 겐론카페에서 한다고 해서 얼굴을 비치기로 했습니다. 가 보니 사람이 엄청 많더라고요. 30명이 넘었습니다. 모르는 사람투성이고 그 중심에 E씨가 있었죠. 저는 우리한테 아르바이트생이 이렇게 많다는 데 공포를 느꼈습니다.

젊은 사람들뿐이니 지위를 따지지 않는 편한 자리가 되어서 다들 "아즈마 사장님! 건배!" 하며 신이 났습니다. 허물없이 행동하는 것까지는 괜찮았는데, 그러다 어떤 여자가 나타나 제 흉내를 냈고 그걸 다들 깔깔 웃으며 보고 있었어요. 피해망상인지 몰라도 괴롭힘을 당하는 것처럼 느꼈습니다. 결국 저는 회식 중간에 나왔습니다.

그래서 12월 17일 한밤중에 겐론을 접기로 결심했습니다. 이날 밤 같이 술을 마신 어떤 사람의 말이 도화선이 됐습니다. 제가 지금까지 여기서 이야기한 고민을 털어놓았더니 그가 '아즈마 씨는 지금까지 애썼다. 그렇게 힘들면 그만둬도 좋을 것 같다'고 즉답했습니다. 그 말을 들으면서 제 '마음이 꺾이고' 만 거죠. 그 사람이 나쁜 게 아닙니다. '애쓸 필요 없다'는 말은 좋은 마음에서 했을 테고, 요즘은 그럴 때 힘내라고 말하지 않는 게 상식입니다. 하지만 실제로는 그 말이야말로 계기가 됐죠. '그렇구나. 다들 겐론 같은 건 없어지면 좋겠다고 생각하는구나.' 하고 사고가 급속히 부정적인 쪽으로 기울었습니다. 그리고 집에 돌아온 뒤 트윗을 올렸습니다.

트윗은 파장이 컸습니다. 18일, 19일에 많은 친구로부터 많은 메시지를 받았습니다. 대부분 답신을 못 했지만 집에서 그 메시지들을 계속 읽었습니다. 그리고 뜻밖의 사실을 깨달았습니다. 저는 "그간 애썼다. 앞으로 활동을 기대하겠다." 같은 메시지가 많이 올 줄 알았습니다. 그런데 그렇지 않았어요. '겐론을 계속하면 좋겠다'거나 '겐론은 없어지면 안 된다'며 '뭔가 돕고 싶다'는 목소리가 훨씬 많았죠. 회사 안에는 적

뿐이지만 회사 밖에는 내 편이 있었던 겁니다. 아니, 사내에도 적만 있지는 않았습니다.

사내 반응이 가장 뜻밖이었던 것 같습니다. 저는 직원이 더 수동적이라고 생각했습니다. 18일 오후에 우에다 씨와 만나고, 그다음으로 도쿠히사와 만나고, 그런 다음 다른 직원들과 만났습니다. 저는 두 달 동안 회사가 갈팡질팡해서 직원들이 지긋지긋했을 거라고 예상했습니다. 그래서 제가 '그만두겠다'고 하면 '어쩔 수 없다'고 동조하는 사람이 많을 거라고 생각했는데, 그렇지 않았어요.

특히 도쿠히사의 반응에 놀랐습니다. 이 책 첫머리에서 이야기했듯이 도쿠히사는 제가 와세다대학에서 가르치던 시절의 제자로서 대학 졸업 후 바로 겐론에 입사해 줄곧 다니고 있었습니다. 가장 오래 일한 직원인데 무척 덤덤한 사람이라서 감정을 좀처럼 내비치지 않습니다. 게다가 도쿠히사는 일본에서 퀴즈의 달인으로 꼽히는 사람이라, 이때 텔레비전에 나오며 출연자로서도 유명해지기 시작했습니다. (2020년인 지금은 저보다 유명할지도 모르겠네요.) 이런 경력이 있으니, 이 기회에 퀴즈에 전념하겠다고 할 줄 알았습니다. 그런데 전에 없던 강한 어조로 말했습니다. "안 됩니다. 같이 해요. 그만두는 건 절대 안 됩니다." 너는 퀴즈가 있지 않냐, 경리며 잡무를 위해 희생하지 않아도 되지 않냐고 말했더니 그래도 겐론을 하겠다고 했습니다. 저는 감동했습니다.

그리고 제 이야기를 들은 우에다 씨가 말했습니다. "그렇게 힘들면 아즈마 씨가 대표 자리에서 내려와도 돼요. 제가 사장을 할게요." 처음에는 저 말고는 겐론을 경영할 수 없다고 거절했습니다. 하지만 20일에 만나 설득당했습니다. 이튿날인 12월 21일 자로 저는 사퇴서를 내고 대표이사 직을 우에다 씨에게 넘겼습니다. 그로부터 1년 반이 지난 지금도 겐론의 대표는 그대로 우에다 씨가 맡고 있습니다.

다시 태어나는 겐론

저는 이렇게 해서 2018년 말에 경영에서 손을 뗐습니다. 그러니 그 뒤 '겐론 경영 분투기'는 사실 우에다 씨에게 들어야 합니다. 그래도 짧게 이야기하자면 이 대표 변경이 대성공이랄까, 그야말로 건강하지 못하고 비대하던 당시 겐론에 필요한 결단이었습니다. 대표를 그만둔 뒤에도 변함없이 겐론의 이사인 저는 원고 집필이나 행사 참여를 계속했습니다. 하지만 2019년 여름 무렵에는 경영에서 아예 손을 떼고 사내 회의에도 나가지 않았습니다. (지금은 다시 관여합니다.) 그사이 우에다 씨와 도쿠히사가 여러 개혁을 주도했습니다. 아르바이트를 대폭 정리하고 경비를 다시 점검했으며 경리와 인사를 특정 직원에게 맡기는 대신 여러 직원이 분담하는 구조로 정비했습니다.

　퇴사한 직원과 아르바이트생이 거의 남성뿐이었기 때문에 결과적으로 직원의 남녀 비율도 극적으로 개선되어 한때는 1:1에 가까웠습니다. (2020년 10월 현재는 다시 남성이 많아지기 시작했습니다만.) 직원은 줄었어도 회사 분위기는 압도적으로 좋아졌습니다. 출판도, 카페도, 스쿨도 다소 혼란이 있었지만 애초의 사업 계획을 그다지 변경하지 않고 진행할 수 있었습니다. 『겐론』의 개편(『겐론 10』의 출판)도 잘 진행됐습니다. 그리고 뚜껑을 열어 보니 2020년 3월 결산에서 주식회사 겐론과 합동회사 겐론카페가 모두 그 전 분기보다 큰 폭으로 수지가 개선되었습니다. 매출은 거의 같지만 인건비를 포함한 판매 관리비가 준 덕에 이익이 늘었습니다.

　이 결산서를 보고 저는 쓴웃음을 지을 수밖에 없었습니다. 저는 겐론을 만들었어요. 여러 사람이 떠났지만 저는 남아 겐론을 계속했습니다. 그래서 제가 아니면 겐론의 대표를 할 사람이 없다고 생각했죠. 하지만 이건 큰 착각이었습니다. 2020년 현재 겐론은 제가 책임자 자리에 있지 않은 편이 더 나은 회사가 되었습니다. 그리고 뒤에서 이야기할 텐데, 저는 이야말로 겐론이 진정 나아가야 하는 방향이었다고 느끼고 있습니다.

무의식적인 욕망

2017년부터 2018년까지 실패를 반복한 것에 대해 이렇게 말할 수 있을 것 같습니다. 이 책 첫머리에서도 말했듯이 겐론은 원래 '동료를 모으고 싶다'는 동기에서 시작한 조직입니다. '동료'의 구체적인 얼굴은 변해 갔지만, 이 꿈 자체는 2010년부터 2018년까지 경영 위기를 거치면서도 변하지 않았습니다. 그래서 저는 줄곧 겐론을 강하게 만들려면 '나 같은 사람'을 모아야만 한다고 생각했죠. 우에다 씨나 도쿠히사는 겐론에 아주 중요한 사람들이기는 해도 결코 '나 같은 사람'이 아니에요. 그래서 이들과는 별도로 '나 같은 사람'을 모아 오사와 사토시 씨나 구로세 요헤이 씨 등과 함께하는 집단 지도 체제를 생각한 거죠. 물론 당시는 지금처럼 이렇게 명확히 말로 표현할 수는 없었습니다. 하지만 무의식적인 욕망은 그랬다고 생각합니다.

하지만 이 욕망 자체가 가장 큰 약점이었습니다. 실제로 2018년에는 이 욕망에 따라 D씨나 E씨처럼 오른팔이 되고 싶다는 남성 직원이 주위에 모이게 됐죠. 이들은 동료가 되고 싶어 했어요. 하지만 동료가 되고 싶어 한다는 것만으로 겐론을 뒷받침해 준다고는 할 수 없죠. 오히려 자기 마음대로 휘두르고 망쳐 버려요. 저는 이 차이를 간파하지 못했죠. 그래서 실패를 반복했어요.

그리고 이 또한 제 입으로 말하기가 한심한데, 자신감의 결여 및 현실도피와 관계있었던 것 같습니다. 저는 젊을 때 어느 정도 성공했습니다. 주변에서 보기에는 자신감이 넘쳤을지도 몰라요. 하지만 언제부터인지 그렇게 '대단한 나'를 받아들이기가 두려워졌어요. 그건 진정한 내가 아니라고 느끼게 됐죠. (앞에서 말한 출신 문제도 관계가 있을 겁니다.) 그래서 '진정한 나'와 제대로 마주하는 대신 아랫세대를 동료로 끌어들임으로써 도피하려고 했어요. 저보다 약한 처지지만 '나 같은 사람'을 동료로 만들면 실패해도 회피할 수 있으니까요. 그러니까 제가 원한 건 사실 동료도 아니었어요. 사람들이 떠나 버린 건 이 기만을 민감하게 간파했기 때문이라고 생각합니다.

'나 같지 않은 사람'과 함께 해 나간다는 의미

겐론을 창업할 때 제가 서른여덟 살이었습니다. 그때 제게는 이런 무의식적 약점이 있었어요. 이 약점이 지금까지 이야기한 것처럼 대지진과 경영 위기와 그 밖의 경험으로 계속 수정을 강요당합니다. 겉보기에는 다양한 실무를 제대로 마주하게 되고 성장하는 것 같았어요.

하지만 저 자신의 본질적인 문제는 아무것도 변하지 않았습니다. 책임을 회피하기 위해 '나 같은 사람'을 찾고 동료를 모으려는 부분은 변하지 않은 채 2018년을 맞았죠. 그리고 어디에도 '나 같은 사람'이 없다는 사실에 초조한 나머지 스스로 무너지고 말았어요. 그래서 이해 12월에 우에다 씨가 '내가 대표를 하겠다'고 말한 것, 그 뒤 실제로 경영에 나서 겐론의 사업을 성공시킨 것이 제게 결정적인 전환점이 됐습니다.

겐론은 분명히 제가 만들었어요. 하지만 저를 위한 것이 아니죠. '나와 같은 사람'을 위한 것도 아닙니다. 2018년에 겐론은 '나 같은 사람'을 모으는 내부 지향적인 공간보다 훨씬 커 있었어요. 그런데도 저 자신이 이 변화를 받아들이지 못했어요. 우에다 씨는 '나 같지 않은 사람'의 대표로서 도쿠히사와 함께 이 사실을 깨우쳐 주었습니다. 그러니 지금은 그때 저 혼자 겐론을 접겠다고 결심해도 된다고 생각한 것(주주로서는 가능했지만요) 자체가 오만이었다고 반성하고 있습니다. 여러 사람에게 폐를 끼쳤어요.

지금 저는 전보다 훨씬 더 '고독'합니다. 이제는 '나 같은 사람'을 찾지 않으니까요. 이것이 2019년 이후 새로운 『겐론』의 차례에도 나타납니다. 『겐론 10』 이후 2기는 1기처럼 특집을 중시하지는 않습니다. 특정 주제에 초점을 맞춰 무리하게 '최첨단'의 장을 연출하려고 하지 않아요. 제가 그때그때 관심 있는 사람들, 관심 있는 주제를 모으죠. 그러면 된다고 생각하게 됐습니다. 달리 말하자면 저는 제 관심이 저만의 것이었다는 사실, 제가 고독하다는 사실을 받아들였습니다. '나 같은 사람'은 어디에도 없어요. 저와 똑같이, 저와 똑같은 방식으로 겐론에 관여해 주는 사람은 없어요. 하지만 그래서 겐론이 계속될 수 있습니다. 앞으로 겐론은 '나 같지 않은 사람'이 지탱해 나갑니다. 저는 그중 한 사람으로서 철학을 계속하면 되죠. 혼자라도 괜찮아요. 혼자라서 할 수 있어요.

우에다 씨, 도쿠히사는 '나 같은 사람'이 아니기 때문에 겐론의 새로운 가치를 발견할 수 있습니다. '나 같은 사람'은 나밖에 없고, 이미 내가 있으니까 더는 필요하지 않습니다. 저는 '나 같지 않은 사람'과 같이 행동해서 비로소 겐론을 강하게 만들고, 다양하게 열린 장으로 만들 수 있습니다.

호모소셜과 결별하다

이 깨달음을 최근 유행하는 말로 표현하면, 제가 줄곧 품어 온 '호모소셜'과의 결별이라고도 할 수 있습니다.

호모소셜 인간관계가 문제시되는 것은, 자신들의 사고와 욕망의 등질성에 무의식적으로 의존한 나머지 타자를 배제하기 때문입니다. 쉽게 말해 비슷한 사람만 모여 있어서 기분이 나쁘다는 건데, 그야말로 논단이나 비평의 세계가 이런 비판을 계속 받아 왔습니다. 실제로 일본의 논단은 남성뿐이고, 겐론도 같은 한계를 안고 있습니다. 이 책에서 지금까지 언급한 '동료'를 봐도 우노 쓰네히로, 하마노 사토시, 쓰다 다이스케, 오사와 사토시, 구로세 요헤이, 지바 마사야 등 그야말로 동년배 남성뿐이고 여성은 한 사람도 없어요. 외국인도 없고요. 그 배경에는 분명히 제가 가지고 있던 '나 같은 사람'만을 찾으려는 욕망이 작동합니다.

 이런 상황이 2019년 이후 우에다 씨 체제가 되면서 달라졌습니다. 제가 일단 경영에서 물러나, 겐론카페의 행사 기획과 겐론스쿨 강사진 선정에 제 취향이 반영되지 않게 됐습니다. 직원의 제안을 많이 채용하고, 지금은 제가 전혀 모르는 주제도 행사에서 논의하고 있어요. 출연자나 강사진의 나이, 젠더가 다양해졌습니다. 부족한 게 국적의 다양성인데, 이것도 마지막 장에서 새로운 전개에 대해 이야기하려고 합니다.

 아이러니하게도 어쩌면 이것이 기존 '비평'의 독자에게는 만족스럽지 않을지도 모르겠습니다. 여기에는 '최첨단'도 없고, '장scene'도 없고 느슨하게 연결된 화자와 청자뿐이니까요. 저는 이 불만을 잘 압니다. 저 자신이 예전에는 '최첨단'과 '장'을 무척 중시했으니까요. 하지만 이건 변할 수밖에 없다는 것을 이 장에서 지금까지 이야기했습니다.

 사람들은 다양성이 중요하다고 쉽게 말합니다. 하지

만 그 중요함을 자기 인생에 받아들이고 실제로 겪으며 느끼는 것은 그렇게 쉽지 않죠. 저는 2018년에 겐론과 동시에 통제 불능 상태에 빠진 경험을 통해 비로소 그 중요성을 깨달았습니다. 제 안에는 '나 같은 사람'을 모으고 싶다는, 호모소셜에 대한 강한 욕망이 자리 잡고 있습니다. 이것이야말로 위험 요소고 한계이기 때문에 의식적으로 대치하지 않으면 어쩔 수 없어요. 물론 이런 깨달음이 어떤 독자에게는 말할 필요도 없이 당연한 것일지도 모릅니다. 마흔아홉 살인 제가 40대의 10년이 끝나 가는 지금 절실히 느끼는 것은 제가 오랫동안 조숙하다는 말을 들었지만 실제로는 전혀 그렇지 않았고, 보통 사람이라면 20대나 30대에 발견하는 것을 40대가 다 지나서야 겨우 발견했다는 사실입니다.

마지막 장에서는 이런 경험을 거쳐 드디어 '어른'이 된 (이번에는 정말로 어른이 됐다고 믿고 있습니다만) 제가 2020년대에 겐론과 더불어 무엇을 목표로 하는지 구상을 이야기하려고 합니다.

1장
시작

2장
좌절

3장
사람이 모이는 곳

4장
친구도 아니고 적도 아닌

5장
재출발

6장
새로운 계몽으로

코로나 이데올로기

'오배송'은 감염증 대책의 적

2020년은 겐론 창업 10주년입니다. 2018년 말 대표 교체 소동 이후 겐론은 순조롭게 경영되고 있었습니다. 평온한 2019년을 거쳐 2020년은 창업 10주년을 기리고 축하하는 해가 될 터였습니다. 이 책 자체가 그 기획의 일환입니다.

그런데 이때 신종 코로나 바이러스 사태가 터졌습니다. 감염증 대책은 일본뿐만 아니라 세계의 상식을 크게 변화시키고 있는데, 이것이 겐론의 정체성을 흔들기도 했습니다. 지금까지 이 책을 읽으신 분은 알겠지만, 겐론이 제시하려는 가치는 다 기본적으로 '가까움[密]'이 만들어 내기 때문입니다. 예를 들어, 겐론스쿨에서 중요한 구실을 하는 게 술자리였습니다. 술자리야말로 커뮤니티를 만들고 '관객'을 만들지요. 이것이 제 주장이었는데 지금은 술자리가 감염증 대책의 적입니다. 겐론카페도 마찬가지입니다. 카페는 2월 25일 행사를 끝으로 반년이 넘도록 손님을 받지 않고 있습니다. 스트리밍 매출이 늘고 있어도 영상만으로는 겐론이 목표하는 가치를 실현하지 못합니다. 체르노빌 투어도 2020년에는 어쩔 수 없이 중단했습니다.

특히 문제가 된 게 '친구의 모임 총회'입니다. 1장에서도 이야기했는데, 겐론 친구의 모임은 해마다 한 번씩 회원만을 위한 파티를 엽니다. 2014년부터 해마다 연말에 열리면서 아주 큰 송년회 자리가 됐습니다. 카페와 사무실 그리고 고탄다역 반대편에 빌린 아틀리에까지 총 세 곳에서 열리며 심야까지 다양한 행사를 엽니다. 음식을 준비하고 퀴즈와 마술 쇼도 열었습니다. 150명 가까이 되는 참가자들이 출연자든 일반 회원이든 구분 없이 음료를 한 손에 들고 침을 튀겨 가며 논의하고 송년회장 세 곳을 돌아다니는 특별한 밤이었습니다. '3밀(密)'● 그 자체입니다. 코로나 유행 이후의 상식에 비춰 보면 정말 위험한 행사지요.

하지만 그만큼 친구의 모임 총회가 '오배송'으로 넘치

● 밀폐, 밀집, 밀접. 바이러스 감염 방지를 위해 피해야 하는 환경을 가리킨다.

고 있었습니다. 유명인과 일반인이 섞이고, 일반적으로는 결코 만나지 않을 사람들이 만나고, 일반적으로는 결코 이야기하지 않을 것들을 논의하죠. 이것이야말로 총회의 매력이고 많은 회원들이 즐겼습니다. 그런데 감염증 전문가가 볼 때 이런 장은 악몽에 지나지 않아요. '일반적으로는 만나지 않을 사람들과는 가능한 한 만나지 않는다'는 것이 감염증을 막는 데 가장 중요하니까요. 오배송은 감염증 대책의 적 그 자체입니다.

생각해 보면 친구의 모임 총회는 원래 독감에 감염될 위험성도 높았어요. 체온 측정도, 몸상태 확인도 안 했으니 실제로 인플루엔자 집단 감염 사태가 벌어졌을지도 모릅니다. 그래도 지금까지는 총회를 열었고, 참가자도 어느 정도 위험을 각오했죠. 우리 총회뿐만 아니라 많은 겨울 행사가 다 그렇습니다. 하지만 이제 상식이 바뀔지도 모르지요. 코로나 유행이 수습돼도 독감은 그대로 있을 테니까요. 독감 대책까지 철저히 해야 한다는 요구를 받으면 친구의 모임 총회는 여름으로 옮길 수밖에 없을 것 같습니다.

온라인이 대체할 수 없는 경험

이런 상황은 겐론이 새로운 전략을 세워야만 한다는 것을 의미했습니다. 3장의 끝부분에 정리했듯이 겐론은 온라인을 효과적으로 이용하면서 오프라인의 가치를 높이는 데 취지를 둔 회사입니다. 온라인의 정보 발신을 '오프라인으로 가는 입구'로 이용함으로써 온라인에서 없어지기 일쑤인 '오배송'을 장치한다는 게 겐론의 철학이었죠. 이것은 4장의 주제인 '관광'과도 통합니다. 관광지의 정보는 온라인으로 간단히 손에 넣을 수 있습니다. 풍경이나 건물 사진은 검색하면 거의 다 나옵니다. 지금은 체르노빌도 마찬가지입니다. 굳이 몸을 움직여 현지에 가지 않아도 정보 자체는 간단히 구할 수 있습니다. 코로나 사태 때문에 그것만으로도 충분하지 않냐는 분위기가 퍼지고 '온라인 관광'이라는 말도 생겼지요.

하지만 이것은 역시 관광이 아닙니다. 온라인 관광은 현지에 이르는 시간을 만들 수 없어요. 여행의 가치 가운데 많은 부분이 목적지에 닿기까지 언뜻 불필요해 보이는 시간에 있습니다. 이때야말로 사람은 평소와 다르게 생각하고, 생각지 못한 사람이나 뭔가와 만납니다. 이런 경험이야말로 '오배송'이지요. 겐론은 이런 불필요함이야말로 가치가 있다고 이야기해 왔습니다.

그런데 지금 그야말로 이 가치관이 부정되기 시작하고 있습니다. 코로나 사태에도 카페에서 스트리밍은 할 수 있습니다. 스쿨 수업도 온라인으로 할 수 있죠. 하지만 행사나 수업이 끝난 뒤 잡담은 할 수 없어요. 저는 이러면 교육 같은 게 될 수 없다고 생각해요. 하지만 지금 대학에 있는 사람은 거꾸로 캠퍼스 폐쇄를 정당화하기 위해 "대학은 어디까지나 수업을 하는 곳이지 친구를 만들거나 동아리 활동을 하기 위한 곳이 아니다." 하고 주장하게 됐죠. 감염증에 대한 공포에 쫓겨 많은 사람들이 '온라인으로 할 수 있는 청결한 정보교환만이 의사소통의 본체고, 감염증 위험이 높은 신체적 접촉은 잡음'이라고 생각하게 됐어요.

코로나 사태가 장기적으로 부정적 영향을 남긴다면 그야말로 이런 가치관이 바로 그 부정적 영향이라고 생각합니다. 코로나 사태하에서 많은 사람들이 그 어느 때보다도 더 '오배송'을 피하게 됐어요. 겐론의 철학은 이런 가치관과 정면으로 충돌합니다. '오배송'을 추구하는 겐론의 활동이 다가올 2020년대에는 2010년대와 다른 사회적 의미를 띨 것 같습니다. 그 새로운 상황에 어떻게 대응하면 좋을지는 아직 정해지지 않았습니다. 하지만 요즘 줄곧 이에 대해 생각하고 있습니다.

새로운 플랫폼

'시라스'의 사상

앞 장에서 살펴본 동영상 스트리밍 플랫폼 개발의 '그 이후 이야기'를 하겠습니다. 플랫폼은 그 뒤 '시라스(シラス)'라는 이름으로 2020년 10월에 문을 열었습니다. 이 이름에는 세 가지 의미가 있습니다. 첫 번째는 문자 그대로 물고기인 시라스입니다. 시라스는 특정 물고기가 아니라 치어 일반을 가리키는 명사입니다. 익명이지만 다양한 누리꾼 무리를 가리키기에 좋은 말이라고 생각했습니다. 뒤에서 이야기하겠지만 시라스를 만든 목적이 '비인간적인 인터넷 속에서 인간적인 공간을 거품처럼 많이 만드는' 데 있는데, 이 거품 사이를 치어가 떼 지어 헤엄치는 듯한 이미지입니다.

두 번째는 '알리다'*와 '법정'**입니다. 정보를 전달하거나 판단하기 위한 장이라는 뜻입니다.

그리고 세 번째는 조금 까다로운데, 옛말 '시라스(しらす)'입니다. '다스리다'라는 뜻으로 어원상 '마쓰루'***와 정반대되는 말이었다고 합니다. '시라스'는 '신의 말을 이해한다'는 뜻인데, '마쓰루'는 '신의 말을 전달한다'는 뜻이에요. 최근 인터넷에는 그야말로 '마쓰리'****만 넘쳐 나서, 거기에 '마쓰리가 아닌 것'을 끼워 넣고 싶다는 마음을 담았습니다.

반농담조로 겐론카페에서 '시라스 덮밥'*****을 내자는 말도 있었어요. 코로나 사태 때문에 그런 즐거움도 사라지고 말았지만요.

---

* 일본어 발음이 '시라세루(知らせる)'로 '시라스'와 비슷하다.
** 일본어 발음이 '오시라스(お白洲)'고 백사장을 뜻하는데, 에도시대에 재판을 하던 마당에 흰 자갈이 깔려 있던 데서 유래해 법정도 가리킨다.
*** まつる: 모시다, 제사하다 등을 뜻한다.
**** '축제'를 뜻하며 '마쓰루'의 명사형으로 볼 수 있다. 여기서는 인터넷상에서 어떤 화제가 생겼을 때 너도나도 몰려가서 악성 댓글을 다는 행위를 가리킨다.
***** 주로 까나리, 멸치, 정어리 등 색이 옅거나 흰 치어에 달걀, 파, 김 등을 곁들여서 밥에 얹는다.

6장
/
새로운 계몽으로

메타겐론카페

시라스를 설립한 과정을 간단히 돌이켜 보겠습니다.

앞에서 이야기했듯이 시작은 단순했습니다. 겐론카페의 방송 매출이 해마다 늘었고, 그만큼 매출의 몇 할을 드완고에 수수료로 지불했죠. 니코니코생방송이 편리하니까 기꺼이 지불하지만, 언론사로서 특정 플랫폼에 대한 의존도가 높은 건 문제라고 생각하게 됐습니다. 니코니코생방송의 강점은 관객의 논평을 화면에 흐르도록 표시해서 콘텐츠와 별개로 관객의 의사소통에 층위를 만들 수 있다는 것입니다. 이게 독자적인 감상 문화를 성장시켜서 이제는 따라 하고 싶어도 따라 하지 못합니다. 겐론은 이 문화를 포기할 수 없기 때문에 앞으로도 니코니코생방송과 함께할 겁니다. 다만 여기에 더해 독자적인 스트리밍 플랫폼도 갖고 싶었죠.

아카이브에 대해서도 생각했습니다. 겐론카페는 이미 7년 넘게 해 왔기 때문에 행사 동영상이 엄청나게 쌓여 있습니다. 그중에는 문예평론가 가토 노리히로(加藤典洋) 씨처럼 돌아가신 분도 있어요. 이런 분과 나눈 대화 덕에 후세에 우리 아카이브가 시대의 귀중한 증언이 될 거라고 봅니다. 그럼 이걸 우리 회사 사이트에서 공개하는 편이 좋다고 생각했습니다. 그리고 만약 플랫폼을 개발한다면 다른 창작자에게도 개방해서 다양한 사람이 자기 나름의 겐론카페를 만들 수 있게 하는, '메타겐론카페' 같은 것이 되면 흥미롭겠다고 꿈을 부풀렸습니다.

아이치 트리엔날레 소동을 겪으며

이런 생각을 품고 있는데 D씨가 나타나 개발을 시작했다가 2018년 여름에 좌초한 것은 앞에서 이야기했습니다. 그 뒤에 어떻게 됐는지를 이야기하겠습니다.

우선 친구인 쓰다 다이스케 씨, 시미즈 료(清水亮) 씨와 의논했습니다. 시미즈 씨는 IT 기업 경영자로서 겐론카페를 처음 열 때도 출자해 줬습니다. 3장에서는 이야기할 기회가 없었는데, 제 활동에 흥미를 보이고 상당히 많이 도와준 '맹우'입니다. 쓰다 씨하고도 친구지요. 그래서 두 사람에게 청해 고깃집에서 식사하며 푸념을 늘어놓았습니다. 그랬더니 셋이서 하자는 쪽으로 이야기가 갔습니다. 저는 기뻤죠. 구체적으로는 쓰다 씨의 네오로그와 시미즈 씨의 UEI에서 출자하고 개발하자고 했습니다. 그래서 일단 시작하고 가을에는 개발사로부터 견적을 받는 데까지 이르렀습니다. 개발사인 글루코스는 시미즈 씨가 소개했어요. 하지만 이때 앞 장에서 이야기한 문제가 생겨 제가 겐론의 대표 자리에서 물러나게 됐습니다. 시미즈 씨와 쓰다 씨가 놀랐을 겁니다. 다시금 모든 일이 백지로 돌아가고 공동 개발 이야기도 당연히 들어가 버렸습니다. 정말로 많은 사람에게 폐를 끼쳤어요. 정말 죄송하게 생각하고 있습니다.

그런데 세상일은 알 수 없어서 이 무렵에 새로운 전개를 맞습니다. 2019년 봄에 저도 사회로 복귀하고 시라스를 다시 해 보고 싶다는 생각이 들었습니다. 지금 돌이켜 보면 얼마 동안은 반성하며 얌전히 지냈어야 했다고 생각하지만, 또 일을 만든 거죠. 이때 가쓰라 다이스케(桂大介) 씨가 나타났습니다.

가쓰라 씨는 그 전해인 2018년 6월에 진행한 체르노빌 투어에 참가한 젊은 엔지니어이자 사업가였습니다. 20대에 상장 기업의 공동 창업자가 됐고, 지금은 비영리단체 지원처럼 공공성이 높은 활동을 하고 있어요. 그런 가쓰라 씨가 시라스 프로젝트에 흥미를 가졌습니다. 그래서 이번에는 겐론, 가쓰라 씨, 쓰다 씨가 함께 움직이기 시작했습니다.

'세 번째는 틀림없다(三度目の正直)'는 말● 처럼 이번에는 실현되어 2019년 6월에 시라스를 운영할 '합동회사 시라스'가 탄생했습니다. 글루코스에 발주하고 개발도 시작했습니다. 그리고 1년이 조금 지나서 드디어 시라스가 정말로 문을 열게 되었습니다. 시행착오 기간이 길었기 때문에 감개무

● 점을 보거나 경기를 할 때 첫 번째, 두 번째 시도에서 맞히지 못하거나 이기지 못해도 세 번째 시도에서는 성공한다는 일본의 속담이다.

량했습니다.

그런데 이 과정에 또다시 체제가 바뀌었습니다. 개발을 본격적으로 진행한 지 얼마 안 된 2019년 8월에 쓰다 씨가 예술감독을 맡은 '아이치 트리엔날레 2019'가 보수파 시민의 반발을 사서 큰 정치 문제로 발전한 사건이 생겼습니다. 여기서는 사건에 대해 이야기하지 않겠습니다. 다만 이때 쓰다 씨와 주고받은 대화에서 쓰다 씨는 역시 '활동가'고 저와는 살아가는 방식이 다르다고 생각했습니다. 그것은 그것대로 존중해야 하지만, 제가 만드는 플랫폼은 그렇게까지 강하게 정치색을 띠게 하고 싶지 않았습니다. 쓰다 씨에게 제 생각을 전하고 시라스에서 물러나 달라고 했습니다. 우리가 교우 관계를 맺은 지 오래고 대지진 이후 급속히 친해져서 쓰다 씨가 겐론카페에도 몇 번이나 와 주었기 때문에 쓸쓸하고 괴로운 부탁이었습니다.

어쨌든 그래서 지금 시라스는 겐론과 가쓰라 씨가 공동 운영하는 플랫폼으로 출발했습니다. 합동회사 시라스는 주식회사 겐론과는 별개의 회사로서 제가 대표를 맡고 있습니다. 가쓰라 씨는 원래 체르노빌 투어 참가자일 뿐이었는데 어느새 시라스의 공동 운영자가 됐어요. 이 또한 '오배송'이겠네요.

큰 규모는 필요 없다

시라스는 일단 겐론카페 생중계만 하는 동영상 스트리밍 사이트로 출발했습니다. 하지만 서서히 다른 창작자에게도 개방할 생각이고 이미 몇몇 친한 사람들에게는 권했습니다.

플랫폼을 열면서 제가 준비 사이트에 실은 글이 있습니다.

> 겐론을 만든 지 10년, 겐론카페를 연 지 7년이 돼 갑니다. 왜 비슷한 곳이 더 늘어나지 않는지 줄곧 생각해 왔고, 그 의문에 대한 답이 시라스입니다.
>
> 지금 인터넷에서는 다들 자신의 일부를 팔아 조회 수를 올리려고만 하고 있습니다. 그래서 모두가 똑같은 말밖에 하지 않게 됐습니다. 하지만 인터넷에는 다른 가능성이 있을 겁니다. 트위터와 니코니코생방송이 민주주의를 갱신할 거라고 (적어도 일부에서는) 믿던 시대가 있습니다. 그 이상을 다시금 살리기 위해 인간이 인간으로서 존재할 수 있게 하는 공간을 거품처럼 많이 만들고 싶다, 이런 바람을 담아 시라스를 개발했습니다.
>
> 시라스는 광고 모델에 의존하지 않습니다. 무료 방송도 하지 않습니다. 따라서 100만 명이 봐도 의미가 없습니다. 한때 화

제가 되기보다 100명의 마음을 확실히 사로잡는, 그런 프로그램을 만들고 싶은 창작자와 그런 방송을 보고 싶은 관객을 동시에 지원하는 플랫폼을 목표로 삼고 있습니다.

시라스
https://shirasu.io/

제 생각이 여기에 다 담겨 있습니다. 사업이라는 면에서 볼 때 시라스는 스케일(대규모화)에 의존하지 않는 것이 특징이라고 선언했습니다. 유튜브도 트위터도 좋지만, 플랫폼을 무료로 유지할 수 있는 것은 스케일이 크기 때문입니다. 회원 수가 늘면 광고로 돈을 벌 수 있습니다. 또는 어딘가에 매각할 수도 있죠. 그래서 적자가 나도 서비스를 계속할 수 있는 겁니다.

시라스는 처음부터 대규모화를 추구하지 않았습니다. 그래서 시라스에는 무료 방송이 없습니다. 이는 시청자를 점점 늘려서 광고로 인프라 비용을 충당하는 일 없이 처음부터 콘텐츠 창작자와 시청자가 함께 비용을 부담하는 구조를 지향한다는 뜻입니다. 구체적으로 한 시간 방송은 최소한 이 정도 요금을 받으면 좋겠다, 한 달에 방송을 몇 번 하고 싶다면 최소한 이 정도 월정액을 받으면 좋겠다 하고 창작자에게 권하는 기준을 만들었습니다. 그럼 시청자를 무리하게 늘리지 않아도 됩니다.

거꾸로 창작자 측에서 볼 때 전부 유료인 시라스에서는 내용을 중시하고 꾸준히 구독하는 시청자를 모아야 돈을 벌 수 있습니다. 유튜브는 무료 시청이 전제라서 창작자가 동영상 재생 1회당 아주 적은 광고 수입이나 슈퍼챗에 기댈 수밖에 없습니다. 그럼 재생 횟수가 100만, 200만이 돼야만 하겠죠. 하지만 모든 창작자가 이런 데 목표를 두지는 않습니다. 우리는 오히려 몇천 명이 보면 괜찮다는 사람들을 응원하고 싶습니다. 그래서 유료제를 생각한 겁니다. 원래 겐론카페 생중계가 그 정도 규모입니다.

'자본의 축적'이 사회와 문화를 무너뜨린다

유료제는 다른 장점도 있습니다. 겐론카페를 7년 동안 운영한 경험에서 말할 수 있는 사실인데, 결제 금액이 소액이라도 스트리밍을 유료로 하면 악성 댓글 사태가 일어날 여지가 압도적으로 줄어듭니다. 겐론카페에는 정치인을 포함해 저명인사가 꽤 많이 등장합니다. 위험한 발언이 나오기도 하죠. 하지만 악성 댓글 사태가 거의 일어나지 않습니다. 말꼬리를 잡는 누리꾼은 애초에 한 푼도 낼 생각이 없기 때문에, 소액이라도 돈을 내게 하면 이들을 충분히 배제할 수 있는 겁니다.

한편 유료로 하면 공적인 장의 발언이 아니라 '사적인

공간의 대화'라는 인상을 받는 심리가 작동하는 모양입니다. 그래서 신문 기사 같은 데 전용되지 않는다고 생각해요. 겐론카페가 독특하게 친밀한 공간을 만들 수 있었던 이유 가운데 하나는 유료 스트리밍을 한 것입니다. 시라스의 창작자 여러분들이 이렇게 친밀한 공간을 꼭 만들길 바랍니다. 이런 의미에서 시라스는 코로나 사태로 잃어버린 오프라인의 '가까움'을 온라인에서 조금이라도 되찾으려는 것이라고 해도 좋겠습니다.

시라스는 사업입니다. 겐론도 사업입니다. 사업은 결국 돈벌이라서 세상을 바꾸지는 못한다고 하는 사람도 있겠죠. 겐론카페도 초기에는 사회문제를 다룰 거라면 무료로 스트리밍하라거나 행사에 누구나 갈 수 있게 하라는 요구를 받기도 했습니다. 저는 이게 너무 단순한 생각이라고 봅니다. 돈은 그것을 도구로 사용하는 한 편리한 물건에 지나지 않습니다. 화폐를 매개로 한 상품 교환 자체는 아무도 불행하게 하지 않습니다. 문제는 '자본의 축적'입니다. 앞서 한 말로는 '스케일'이죠. 돈의 축적이 자기 목적화되어 숫자로 사람이 휘둘리면 사회와 문화가 무너져 갑니다. 이 점에서는 지금 인터넷에서 벌어지는 일이 19세기에 마르크스가 지적한 문제의 연장선상에 있습니다.

바로 이런 점에서 저는 인터넷에 '스케일을 추구하는

것이 아니라 소박한 차원에서 '돈이 도는 세계'를 만들고 싶었습니다. 100만 명, 1000만 명을 추구하지 않아도 1000명, 1만 명의 '관객'을 가짐으로써 살아 나갈 수 있는 세계를요.

지금은 자본주의뿐만 아니라 반자본주의나 반체제도 스케일을 추구하게 되었습니다. 이 책 첫머리에서 이야기했듯이 2010년대는 SNS 집회의 시대였습니다. SNS는 그야말로 반자본주의나 반체제의 목소리를 대규모화하는 장치로 이용되고 있습니다. 이런 운동은 언뜻 화려해 보이고 눈길을 끕니다. 그래서 매체도 열심히 보도합니다. 하지만 많은 경우 두려울 정도로 아무것도 변화시키지 않아요. 왜냐하면 지금 시대에 정말로 반자본주의적이고 반체제적이려면 무엇보다 먼저 '반스케일'이어야만 하기 때문입니다. 이런 발판이 없다면 반자본주의 운동이든 반체제적 목소리든 모조리 페이지뷰와 리트윗 수 경쟁에 먹혀 버립니다.

그래서 저는 겐론을 '작은 회사'로 유지하고 있습니다. 그리고 이런 활동이야말로 진정한 의미에서 반자본주의적이고, 반체제적이고, 대안적인 미래를 연다고 믿고 있습니다.

겐론의 미래

관객과 신자의 차이

마지막으로 겐론의 미래에 대해 이야기하려 합니다. 기발하고 새로운 계획이 있지는 않습니다. 출판에서 시작해 카페, 스쿨, 투어 그리고 드디어 동영상 스트리밍 사이트까지 열면서 제가 창업할 때 하고 싶던 것은 기본적으로 실현할 수 있었습니다. 이제는 우에다 씨를 비롯한 직원들을 지원하면서 이 '오배송 스타일'을 10년 뒤, 20년 뒤에도 남길 수 있도록 노력할 뿐입니다. 겐론의 미래는 겐론 '관객'의 미래이기도 합니다. 겐론이 왜 관객을 늘리는 것을 중시하는가, 그 이유를 한 번 더 말해 두겠습니다.

겐론이 종종 온라인 살롱*과 비교됩니다. 비교는 자유

지만 창업자로서는 위화감이 있습니다. 지금 겐론의 손님이 다 아즈마 히로키의 독자는 아닙니다. 카페나 스쿨에는 저에게 흥미가 없는 사람이 많이 모여 있습니다. 아즈마 히로키의 주장을 접하고 싶어서 겐론에 온다는 사람이 소수라고 할 수는 없겠지만 이미 다수파도 아닙니다. 결정적으로 이 점에서 겐론은 개인의 카리스마에 의존하는 온라인 살롱과 다릅니다. 오히려 겐론은 시라스 개발에서 알 수 있듯이 여러 필자와 창작자가 공존하는 플랫폼을 목표로 삼고 있습니다.

겐론이 지향하는 관객의 모습도 온라인 살롱에서 보통 예상하는 회원의 모습과는 다릅니다. 온라인 살롱에 모이는 사람들은 나쁜 뜻에서 '신자(信者)'라고 불리는 경우가 많습니다. 이건 온라인 살롱에 모이는 사람이 카리스마를 따르며 논리적인 판단이 아니라 감정으로 연결되어 있음을 나타내는 은유입니다. 실제로 이런 말을 들어도 어쩔 수 없는 사람도 많고 그들의 카리스마가 사랑받는 동안에는 무슨 말을 해도 허용해 주겠지만, 미움받게 되면 돌연 모든 것을 부정하는 '안티'가 됩니다. 제게도 전에는 이런 '신자=안티'가 많았습니다. 온라인 살롱은 이런 사람들이 신자로 있는 동안 가능한 한 효율적으로 돈을 모으자는 사업 유형이기도 합니다.

- 회원제로 운영되는 폐쇄형 커뮤니티로 흔히 인플루언서가 운영하면서 월 정액제로 회원만 볼 수 있는 콘텐츠를 제공한다.

하지만 겐론이 키우고 싶은 '관객'은 그런 사람들이 아닙니다. 출판이든, 카페든, 스쿨이든 우리는 늘 '상품'을 제공합니다. 그리고 어디까지나 상품에 대한 대가를 받는 형식입니다. 3장에서 이야기했듯이 실제로 카페든 스쿨이든 대가를 훨씬 뛰어넘은 '오배송'이 있으며 오히려 이게 팔리는 경우가 있습니다. 그래도 원칙적으로는 '상품'을 팝니다. 코로나 사태의 대책으로 캠페인을 벌였을 때도 겐론은 어디까지나 '캠페인 상품'을 팔았고, 무상 기부는 요구하지 않았습니다. (물론 기부해 주신 분도 있었고, 이에 대해서는 아주 고마워하고 있습니다.) 이것이 겐론의 윤리입니다.

관객은 신자가 아닙니다. 팬도, 후원자도 아니죠. 관객은 분명 겐론의 활동에 주목해 줍니다. 우리가 내는 콘텐츠도 사 줍니다. 하지만 그게 시시해지면 사지 않고, 카페에도 오지 않겠죠. 관객과 우리 사이에는 이런 긴장이 있습니다. 이게 중요합니다.

화폐와 상품의 등가교환

이것은 겐론이 왜 교육기관이나 비영리단체가 아니라 주식회사인가라는 문제와도 관계있습니다. 겐론은 어디까지나 사업이라는 사실을 지켜 나가고 싶습니다. 돈을 벌고 싶어서는 아닙니다. (물론 돈은 있으면 있을수록 좋겠죠.) '관객'과 '신자'의 차이가 상품과 화폐의 교환 여부에 따라 결정되기 때문입니다.

　　신자는 헌금이나 시주를 하지 상품과 교환하지는 않습니다. 상품을 산다고 해도 형식적일 뿐입니다. 하지만 관객은 어디까지나 상품을 삽니다. 영화 관객이라면 영화를 사지요. 연극의 관객이라면 연극을 보는 경험을 사고요. 겐론의 관객이라면 책이나 행사의 품질을 삽니다. 이런 교환이 성립하지 않을 때 관객은 떠나 버려요. 이 엄연한 현실 때문에 겐론은 콘텐츠의 질을 중시합니다. 그래서 저는 겐론과 시라스가 사업이라는 것을 중요하게 생각해요. 장사란, 말하자면, 상품과 화폐의 교환입니다. 이는 나쁜 게 아닙니다. 장사가 없는 세계야말로 오히려 '신자'와 '안티'로 갈라지게 됩니다.

　　저는 『관광객의 철학』에서 커뮤니티는 '마을 사람'(친구)도 '외부 사람'(적)도 아닌 제3의 범주에 들어가는 사람들이 필요하고 이들이 '관광객'이라고 주장했습니다. 제가 지금 말하는 것이 이 주장과 같습니다. 관광객을 모으려면 장사를 할 수밖에 없습니다. 관광객=관객은 마을이 질 좋은 상품을 제공하는 한 마을에 관심을 보여 줍니다. 이런 태도가 냉담하게 보여도 이런 사람들에게 열려 있는 것만이 '마을 사람'과 '외부 사람'의 세계를 가르는 단순한 사고로부터 사람을 빠져나오게 해 줍니다. 화폐와 상품의 등가교환이야말로 친구와

적이라는 이분법을 무너뜨립니다.

저는 어떤 사람이든 '긴장 관계에 있으면서도 줄곧 지켜봐 주는 사람'을 어떻게 유지하고 늘려 가느냐가 중요하다고 생각합니다. 이것이 제가 말하는 '관객'입니다. 시라스는, 이런 사람을 얻는 활동을 지원하는 플랫폼을 목표로 삼고 싶어요. 관객이 없어지고 '신자'와 '안티'만 남으면 사람은 누구나 말도 작품도 바로 타락해 버립니다. 이야말로 2010년대 일본의 정치에서 실제로 일어난 일이죠. 겐론이 폭넓은 활동으로 2020년대 일본의 분위기를 조금이라도 바꿀 수 있으면 좋겠습니다.

후세에 참조할 시대의 증언

(지금까지 이야기한 것에 따르면 '관객의 모임'이라고 하는 편이 옳을지도 모르겠는데) 겐론 친구의 모임은 회원이 3700명 정도까지 늘었습니다. 그저 짐작일 뿐이지만 지금 추세대로라면 5000명 정도까지는 늘 거라고 봅니다. 이보다 큰 규모는 좀처럼 상상이 안 돼요. 겐론은 애초에 큰 규모를 추구하지 않는 회사라서 대규모화 전략도 없습니다. 하지만 고객층은 앞으로 점점 더 다양해질 거라고 봅니다. 그렇게 되지 않으면 살아남기 어려울 테고요.

겐론에서는 2020년 4월에 '겐론α'라는 사이트를 열어 인터넷에서 지금까지보다 더 적극적으로 활동해 나가려고 했습니다. 그 성과로 최근에는 겐론으로 접근하는 창구가 다양해졌습니다. 지금은 손님이 정말 다양해서, 10년 전에 동년배 남자 다섯 명이 술집에서 계획한 것을 떠올리면 멀리 왔다고 생각합니다. 남녀 비율 개선은 아직 멀었지만, 한 걸음씩 나아가고 있습니다. 대표가 여성으로 바뀜으로써 지금은 사내에서도 늘 젠더 균형을 의식하게 되었습니다. (제 태만에 대해 질책이 날아올 것을 알지만 이야기합니다.)

시라스가 성공할지는 몰라도, 성공한다면 겐론카페의 '오배송 스타일'이 더 퍼져 나가겠죠. 겐론카페는 7년 동안 많은 출연자의 생생한 이야기를 기록해 왔습니다. 이는 후세에 21세기 초 일본을 돌이켜 볼 때 귀중한 아카이브로서 참조될 거라고 생각합니다. 앞으로 10년 동안 점점 더 충실해지길 바랍니다.

아시아의 네트워크

지금 일본에서는 대학이 전체적으로 잘 돌아가지 않고 있습니다. 도쿄대학의 세계 대학 순위가 떨어졌다는 것만 보도되는데, 어느 대학이든 교수들이 너무 바빠서 아무것도 할 수 없어요. 정책 실패에 있는 원인을 자세히 이야기하지는 않겠습니다. 어쨌든 이 상황이 짧은 시일 안에 개선될 것 같지는 않아요.

　상황이 이러니 대학에 남지 못한 유능한 인재가 매우 많다고 봅니다. 어떤 의미에서는 저도, 대표인 우에다 씨도 그런 경우죠. 우에다 씨는 원래 러시아 연극 전문가인데, 대학에 남는 게 잘 되지 않았고 처음 만났을 때 일정한 직업이 없었기 때문에 겐론을 도와주었죠. 2020년대에는 겐론이 이런 사람이 모이는 곳으로서도 기능하면 좋겠습니다. 그럼 그 야말로 '인디펜던트 인스티튜트'죠.

　사실 이미 그 조짐이 있어서, 이번 여름에는 타이 문학 연구자인 후쿠토미 쇼(福冨涉) 씨가 직원으로 가세했습니다. 후쿠토미 씨는 도쿄외국어대학을 나온 우수한 연구자로, 타이어에 능통한 데다 현지 소설가와 강한 유대가 있어요. 2016년에 후쿠토미 씨가 기획하고 통역을 맡아 겐론카페에서 타이 작가 프랍다 윤과 저의 대담이 진행되었고, 이 인연으로 교류가 시작되었습니다. 프랍다가 『일반의지 2.0』의 영역본을 읽어 주었습니다.

　후쿠토미 씨를 통해 저도 타이에 대한 관심이 깊어졌습니다. 훌륭한 문학은 정치적, 사회적인 갈등이 있는 곳에서 태어납니다. 일찍이 일본에서 그랬습니다. 저는 타이 작가 가운데 프랍다 그리고 프랍다 또래인 우팃 해마물하고만 이야기를 나눠 봤습니다. 하지만 작가라는 사실과 사회와 관련되어 있다는 것의 관계가 추상적인 이데올로기로 나타나지 않고, 복잡하기는 해도 땅에 발을 딛고 있다고 느낍니다. 후쿠토미 씨에게는 반농담으로 어쩌면 10년 뒤에 타이 작가가 노벨상을 탈지 모르니 지금 유망한 작가의 저작권을 확보해 두자고 이야기하죠.

지금까지 일본의 언론계가 유럽과 미국 대 일본이라는 대립에 기초해 움직였지만 이제는 그런 시대가 아닙니다. 홍콩에 후이육이라는 친구가 있다고 이야기했는데, 그가 『겐론』에 원고를 주고 겐론카페에 출연하기도 했습니다. 우에다 씨의 소개로 블라디보스토크의 작가와 대담한 적도 있어요. 이런 아시아의 지식인 네트워크가 앞으로 반드시 중요해질 거라고 봅니다. 겐론도 거기에 한몫을 하면 좋겠습니다.

그리고 시라스가 중요해질 거라고 봅니다. 만약 시라스의 경영이 어느 정도 궤도에 오르면, 자동으로 동영상에 자막이 달리고 여러 나라 말로 번역하는 기능을 넣을 생각입니다. 자동번역의 정확성에는 한계가 있겠지만 이것이 실현되면 겐론카페의 '오배송 스타일'이 일본을 넘어 세계에 퍼질 가능성도 없지는 않을 겁니다.

계몽이라는 친밀하고 위험한 의사소통

겐론은 10년 동안 '오배송'을 통해 '관객'을 늘려 가는 소박한 활동을 했습니다. 이 장 첫머리에서 말한 시대 상황과 관련해 끝을 맺자면 이 활동이 10년 동안, 특히 지난 5년 정도는 일본의 진보적 지식인이 활동을 크게 한다=스케일만 생각하고 발밑의 관객=지지자를 잃어버렸다는 것에 대한 저 나름의 답이기도 했습니다.

지금 일본에 필요한 것은 계몽입니다. 계몽은 '사실을 전달하는' 것과는 전혀 다른 작업입니다. 사람은 아무리 정보를 줘도 보고 싶은 것만 보려고 합니다. 이를 전제로 그들이 '보고 싶어 하는 것' 자체를 어떻게 바꿀까, 이것이 계몽입니다. 지식의 전달이라기보다는 욕망의 변형입니다.

일본의 지식인은 이런 의미의 계몽을 잊어버리고 있습니다. 사실 계몽이란 관객을 만드는 작업입니다. 그건 내 취향이 아니라고 쓱 보고 밀어내는 사람을 전연 생각지도 못한 방향에서 이쪽의 시점이나 사고방식으로 끈기 있게 끌어들이는 작업입니다. 이는 사람들을 신자와 안티로 나눠서는 절대 할 수 없습니다.

그런데 지금 일본의 지식인은 신자만 모으고 있습니다. 그리고 논단의 지면에 기고하거나 기자회견을 여는 등 화려한 퍼포먼스만 하고 있어요. 지금 일본에는 좀 더 성실하게 차근차근 계몽하는 지식인이 필요합니다. 더 쓸데없어 보이고 친밀하고 '위험'한 의사소통이 필요합니다. 이 책에서 '오배송'이라고 말한 것들이 곧 계몽을 의미합니다.

　　대지진 이후 저는 철학에 사회적 구실이 있지 않을까를 생각했습니다. 그 기백이 지나쳐서 겐론 1기에 공회전이 시작됐지만, 갖가지 우여곡절 끝에 계몽=오배송이야말로 저와 겐론이 띠게 된 이 시대의 사명이 아니었을까 하는 생각을 지금 해 봅니다. 주위를 둘러봐도 비슷한 일을 하는 사람이 아무도 없기 때문에 최근에는 더욱 그렇게 생각하고 있습니다.

철학의 산실

　　저는 열광적인 신자를 갖지 못할지도 모릅니다. 위대하다고 생각하지도 않겠죠. 하지만 10년 뒤, 20년 뒤에 '그 시절 아즈마 히로키가 한 일에 과오가 많아도 어리석다고만 볼 일이 아니다, 이러니저러니 해도 존중해야 한다.' 하고 생각해 주는 사람이 많다면 '계몽'은 성공이라고 봅니다. 저는 우파가 보기에 책임감이 부족하고, 좌파가 보기에 행동이 부족할 테죠. 그래도 양쪽에서 저를 결점투성이인 시행착오의 선구자로 봐 준다면, 그것이야말로 제가 바라던 바입니다. 사람의 삶에서 후세에 전해야만 하는 게 실패 정도밖에 없으니까요.

　　철학은 지식을 다투지 않고 정답을 가르치지 않습니

다. 하물며 적과 우리 편을 가르지도 않지요. 오히려 철학은 모든 곳에 깃듭니다. 그래서 독자 여러분의 삶에도 깃들어 있습니다. 저는 직업상 이를 늘 언어화합니다. 그래서 저의 10년을 이 책에서 철학의 언어로 돌이켜 볼 수 있었습니다. 사실 여러분에게도 이런 깨달음, 이런 시행착오가 있을 겁니다. 그런 분들은 꼭 한 번 책이든, 카페든, 스트리밍이든, 스쿨이든, 뭐든 좋으니 겐론의 콘텐츠를 접해 보시길 바랍니다. 분명 이 '상품'들에 가득 차 있는 '오배송'과 접함으로써 내 안의 뭔가를 깨달을 겁니다.

　　소크라테스는 철학자가 산파라고 말했습니다. 여러분 안에 이미 존재하는 철학이 세상에 태어나도록 돕지요. 이것이 본래 철학자의 구실입니다. 겐론은 이런 의미에서 늘 철학의 산실이고 싶습니다.

나오며

「들어가며」에도 썼듯이 이 책은 구술을 바탕으로 했다. 인터뷰는 2020년 1월 20일, 2월 18일, 4월 20일, 5월 22일, 6월 15일 등 다섯 차례 있었다. 하지만 이 책은 2020년 6월 기준으로 이야기한다. 단, 자료와 관련된 부분은 최신 자료를 보태기도 했다.

2020년 6월 기준으로 이야기하는 책이라고 강조하는 것은 인터뷰가 끝난 뒤 이 책에 담아야 하는 유감스러운 사건이 일어났기 때문이다.

3장에 겐론의 기둥으로서 '겐론스쿨'이라는 사업이 있으며 그 출발점이 미술비평가 구로세 요헤이 씨가 제안한 '포스트 슈퍼플랫 예술 학교'로서 그의 강좌는 지금도 '신예술교'로 계속 하고 있다고 이야기했다.

그런데 2020년 7월에 큰 사건이 일어났다. 구로세 씨가 신예술교 사무 보조 직원인 여성을 괴롭힌 것이 밝혀졌다. 구로세 씨의 괴롭힘은 피해자를 자신의 회사에 고용해 벌어진 일로, 신예술교에서 생긴 일은 아니다. 그러나 피해자가 겐론의 직원이기도 하기 때문에 겐론도 이에 대처해야만 했다. 괴롭힘 자체에 대해서는 8월 1일에 피해자가 고발문을 인터넷에 공개하는 등 이미 널리 알려진 만큼 설명하지 않겠다. 겐론은 즉시 카오스*라운지와 계약을 해지하고, 구로세 씨를 전임 강사 자리에서 퇴임시키기로 결정했다. 또 예정되어 있던 그의 저서 출판을 백지화했다. 이 책에서 구로세 씨의 이름이 겐론의 사업을 뒷받침한 사람 가운데 하나로 언급되며 실제로 그랬지만, 지금 겐론과 구로세 씨 그리고 카오스*라운지 사이에는 업무상 관계가 전혀 없다.

나와 구로세 씨는 10년 넘게 알고 지냈다. 나는 그를 NHK출판에서 냈던 『사상지도』에 비평가로 등단시킨 이래 줄곧 뒷받침해 주었다고 할 수 있다. 5장에서 이야기했듯 한때는 겐론의 미래를 맡길 사람들 가운데 하나로 생각하기도 했다. 그 관계가 이런 결말을 맞아 다시금 크게 반성해야만 했다. 이 책에서 호모소셜 인간관계와 결별을 이야기했지만 그 과정은 지금도 계속되고 있다.

이 책에서 이야기한 10년은 어디까지나 내 시점에서 돌아본 것이다. 다른 사람에게는 똑같은 일도 전혀 다르게 보였을지 모른다. 그저 나에게는 이 10년이 이렇게 보였다.

이 책에는 알파벳으로 표시한 인물 다섯 명이 등장한다. (C씨는 거의 등장하지 않아서 실질적으로 다섯 명이다.) 이들은 이 책에서 내가 나 자신의 어리석음을 깨닫는 계기로서 아주 중요한 구실을 한다. 그래서 등장시켰다. 나는 이제 그들에게 고마워한다. 그들이 모두 나를 도와주었다. 그들의 과오는 내 과오다. 나는 X씨가 자금을 유용한 사실을 반년 동안 눈치채지 못했다. A씨의 씀씀이가 헤펐던 것은 내 씀씀이가 헤펐기 때문이고, B씨와 E씨가 경리 업무를 방치한 것은 내가 경리 업무를 방치했기 때문이다. 내가 이들의 일화를 이야기한 것은 그저 그 일화들 없이는 내 어리석음을 전달할 수 없었기 때문이다. 독자 여러분이 더 파고들지 말기를 부탁하고 싶다.

한편 끝내 이 책에 못 실었지만 실었어야 하는 화제가 많다. 이 책의 바탕이 인터뷰라서 책을 구성하는 데 인터뷰어인 이시도 사토루 씨의 관심사가 반영되었다. 나 혼자서는 10년을 돌아보는 책 같은 걸 절대로 만들 수 없었을 테고 결과적으로 이시도 씨의 구성이 아주 명확해서 이대로도 좋지만,

당사자로서는 역시 이 사람을 생각하면 저 사람도 생각나고 어느 일화를 얘기하니 다른 일화도 생각나는 부분이 있다.

예를 들어, 이 책에서는 아사코 요시히데 씨에 대해 거의 전혀 이야기하지 않았다. 그는 창업한 뒤 2년 동안 그야말로 겐론의 기둥이었다. 아사코 씨가 없었다면 겐론은 『사상지도β』를 창간하지도 못하고 저절로 무너졌을 것이다. 쓰다 다이스케 씨도 거의 이야기하지 않았다. 쓰다 씨는 대지진 이후 방침 전환을 가장 강력하게 뒷받침해 준 인물로서 그가 없었다면 『체르노빌 다크 투어리즘 가이드』와 『후쿠시마 제1원전 관광지화 계획』도 없었을 것이다. 겐론스쿨의 만화 교실에 대해서도 이야기하지 않았다. 만화 교실은 지금 SF 창작 강좌와 마찬가지로 열기를 띤 커뮤니티를 계속 만드는 중이고, 전임강사인 사야와카 씨에게는 시라스에서도 협력을 부탁하고 있다. 그 밖에도 무수한 얼굴이 떠오른다. 하지만 이렇게 계속 열거했다가는 「나오며」가 끝나지 않을 것이다. 지면과 시간에도 한계가 있다. 뭔가를 넣으면 뭔가는 잘라야만 하는데, 이 선택에 언제나 완벽한 이유가 있는 것은 아니다. 독자 여러분께 다시 한 번 지나치게 파고들지 말기를 부탁드리고 싶다.

「들어가며」에서 이 책은 비평서도, 철학서도 아니라

고 썼다. 이 책을 다 읽은 여러분은 아실 텐데, 이 책은 아마도 기존 장르 가운데 사소설이나 자서전에 가까울 것이다. 사소설 출판은 부끄럽다. 그리고 두렵다. 이 책이 많은 사람을 불쾌하게 할지도 모른다. 노출광 같다고 비웃을지도 모른다. 서술이 부당하다, 출판 그 자체가 폭력이다 하고 분노를 살지도 모른다. 이런 후기를 쓰는 지금도 다시 실패를 반복하지 않을까, 지금이라도 출판을 그만둬야 하지 않을까 하는 의구심을 지울 수 없다.

그럼에도 출판을 그만두지 않은 것은 어쩌면 이 책과 같은 '사소설적'이고 '노출광적'인 저작이야말로 지금의 철학 전체에 필요할 것 같다는 예감이 있기 때문이다. 나는 원래 외래어투성이에 무척 까다로운 현대사상의 세계를 전공했다. 여전히 전문 서적을 읽을 수 있고 무척 흥미롭다고 생각할 수도 있다. 하지만 지난 20여 년의 경험으로 그런 전문 서적으로는 아무것도 전달되지 않고 아무것도 바뀌지 않는다고 느끼게 되었다. 철학은 살아 있어야만 한다. 그리고 철학이 살아 있으려면 누군가가 철학을, 살아 있는 모습을 보여 줘야만 한다. 결코 멋진 일이 아니다. 어쩌면 부끄러움과 후회뿐인 모습일지도 모른다. 그럼에도 역시 보여 줘야 한다. 누군가가 이 위험을 안지 않으면 철학이 유한계급인 대학 내 사람들의 놀이에 지나지 않게 된다.

나는 비평가이자 철학자다. 내 비평과 철학은 겐론의 실천 없이 존재하지 않는다. 그렇다면 역시 이 책은 비평서이며 철학서일지도 모른다.

나는 늘 「나오며」에서 감사의 말을 했다. 하지만 이 책에 관한 한 무수한 이름이 들어가야 해서 생략한다.

컨텍처스/겐론의 10년을 나와 살아 준 분들 모두에게 똑같이 감사 인사를 드리고 싶다.

고맙습니다.

2020년 10월 29일
아즈마 히로키

겐론의 발자취

작성: 아즈마 히로키

	년	월	겐론의 변천	친구의 모임(기수)	회원수
겐론0기(여명기)	2010	4	아즈마 히로키, 아사코 요시히데가 중심이 돼 합동회사 컨텍처스를 설립. 등기일은 4월 6일. 업무는 다 온라인으로 함. 대표는 다른 인물.	1	166
		6	친구의 모임 창설. 니코니코생방송에서 한 공개 편집 회의 중 생겨남.		
		8	회보 『시소치즈!(しそちず！)』('사상지도'의 일본어 발음이다.―옮긴이) 창간. 1~4호는 A4 판형에 전면 컬러, 5~8호는 B4 판형에 전면 컬러. 2011년 12월 발행 호까지는 거의 격월간을 유지.		
		9	도쿄 요쓰야에 공유 사무실을 빌림.		
		12	『사상지도β』 창간호 간행. 3만 부 가까이 팔려 대성공.		
겐론1기(창업기)	2011	1	대표의 자금 유용 사건이 발각됨. 대표 교체. 아즈마가 새 대표가 됨.		1362
		2	2월 26일에 첫 번째(1기) 친구의 모임 총회를 개최. 화려한 제작진과 출연진이 동원된 전설의 호모소셜 패러디 영화 〈AZM48 더 무비 비긴즈 나이트(AZM48 the movie ビギンズナイト)〉가 공개되어 다양한 파문을 불러일으킴.		
		3	3월 11일 동일본대지진 발생. 이를 계기로 운영 방침이 달라짐.		
		4	사무실을 고탄다로 이전. 회사 확장.		
		4	사무실 벽에 설치된 우메자와 가즈키(梅沢和木)의 회화가 인터넷에서 비판에 직면.		

년	월	겐론의 변천	친구의 모임(기수)	회원수
2011	5	드완고 공식 방송 〈니코생사상지도〉가 시작됨. 2012년 9월까지 13회 방송(초회의(超會議) 2012 출장판 포함). 그중 11회는 사무실에서 방송. 첫 회 게스트는 118시인 와고 료이치(和合亮一), 마지막 게스트는 이노세 나오키. 이 경험을 바탕으로 나중에 겐론카페 방송이 탄생.	1	
	7	7월 1일, 친구의 모임 2기 시작. 1기 종료 시 회원 수.	2	1613
	9	『사상지도β』 2호 간행. 이윤이 아니라 매출의 3분의 1을 재해 지역에 기부해 이윤이 거의 없었음. 이 무렵부터 자금 사정이 위태로워짐.		
2012	1	『지진으로부터 이야기하다(震災から語る)』(니코생 대담집 1) 간행. 판매 실적은 오르지 않음.		
	1	1월 28일에 2회(2기) 친구의 모임 총회.		1866
	2	브랜드 이름을 '겐론'으로 정함. 회보를 『겐론에세테라(ゲンロンエトセトラ)』로 개편. 원칙적으로 A5 판형에 흑백 인쇄. 나중에 『겐론통신(ゲンロン通信)』으로 변경. 2015년 6월까지 발행. 전 17호(합병호가 있어서 전 15권). 이 회보 편집 경험에서 나중에 『겐론』이 탄생.		
	2	4월의 조직 변경을 앞두고 아사코 요시히데가 퇴사. 창업 멤버는 아즈마만 남음.		
	3	『미디어를 말하다(メディアを語る)』(니코생 대담집 2) 간행. 역시 판매 실적은 오르지 않음.		
	3	『일본 2.0』 화보를 위해 사이판 현지 촬영 감행. 자금이 점점 줄어듦.		
	3	결국 대출을 받기 시작.		
	4	주식회사로 조직 변경. 회사 이름을 '주식회사 겐론'으로 함. 대표이사는 아즈마 히로키.		

	년	월	겐론의 변천	친구의 모임(기수)	회원수
겐론기(창업기)	2012	4	도쿠히사 노리야스 입사. 대학 졸업으로 아르바이트생에서 직원이 됨. 2020년 가을 현재 최고참 직원. 대학 졸업 후 곧바로 들어온 유일한 신입 사원이었음.	2	
		4	비평가 양성 학원 '겐론팩토리'를 시험적으로 시작. '비평 재생 학원'으로 이어짐. 그러나 화제가 되지 않음.		
		5	인문서 서평 발송 서비스인 메일 매거진 '겐론 서머리즈'를 시작. 2013년 6월까지 108호 발행. 구독자 증가.		
		7	『일본 2.0: 사상지도β』 3호 간행. 초판 부수 2만 부. 정가 3,200엔(세금 별도). 초판 인쇄비 총액은 10,146,347엔. 높이 평가받았으나 지나치게 호화로운 디자인으로 매출에 비해 이익이 나지 않음.		
		7	7월 1일, 친구의 모임 3기 시작. 2기 종료 시 회원 수.	3	2168
		8	겐론 로고 제정. 디자인은 가토 겐사쿠(加藤賢策)(현 라보라토리스). 가토는 2018년 무렵부터 겐론의 디자인을 혼자 담당.		
		10	후쿠시마현 미나미소마시에서 후쿠시마 제1원전 관광지화 계획 워크숍 개최.		
		11	겐론카페 구상 시작. 주식회사 UEI(당시 대표는 시미즈 료) 등과 합동회사 겐론카페 설립. 사무실 가까이에 점포 빌림. 인테리어 공사를 비롯한 지출로 점점 더 자금이 줄어듦.		
		12	우에다 요코 씨가 체르노빌 취재 통역 겸 코디네이터로 참여. 우에다 씨는 그 뒤 직원을 거쳐 대표가 됨.		
	2013	2	2월 1일, 겐론카페 개업. 1월 25일, 관계자를 위한 개업 파티. 초기에는 UEI와 공동 운영으로 '문과와 이과의 융합'을 위한 프로그램을 모색했으나 곧 겐론 단독 운영 체제가 됨.		

	년	월	겐론의 변천	친구의 모임(기수)	회원수
겐론1기(창업기)	2013	2	아즈마 히로키 대담집 『지진 피해를 입은 일본은 어디로 가는가(震災ニッポンはどこへいく)』 간행. 역시 팔리지 않음.	3	
		4	체르노빌 취재를 위해 크라우드펀딩 실시. 모금액 6,095,001엔으로 당시 캠프파이어 역대 1위.		
		4	체르노빌 취재 여행. 저널리스트 쓰다 다이스케, 사회학자 가이누마 히로시, 사진작가 신쓰보 겐슈 참가. 점점 더 자금이 줄어듦.		
		7	『체르노빌 다크 투어리즘 가이드』(『사상지도β』 제4-1호) 간행.		
		7	7월 1일, 친구의 모임 4기 시작. 3기 종료 시 회원 수.	4	2452
		9	겐론카페 행사, 니코니코생방송에서 스트리밍·판매 개시. 처음에는 개별 판매만 함. 고육지책이었으나 나중에 이 사업이 확장되어 겐론 전체를 구함.		
		9	결국 자금이 거의 다 떨어짐. 아즈마가 해외 출장 중에 다음 달 월급을 못 준다고 전화함. 개인 자금을 동원하고 다시 대출.		
		10	겐론 어린이 교실(아트 부문) 시작. 소박하지만 호흡이 긴 인기 콘텐츠로(2020년 가을 현재 코로나로 중지 상태) 회원 자녀들의 교류가 생김.		
		11	겐론 기획 체르노빌 투어 시작.		
		11	『후쿠시마 제1원전 관광지화 계획』(『사상지도β』 제4-2호) 간행. 전혀 팔리지 않아 업무 축소 또는 폐업을 진지하게 생각하기 시작. 인원 감축. 이때부터 2년 동안 상업용 출판을 못 함.		
		11	겐론 완전 중계 채널의 월정액 회원 모집 시작. 회원 55명, 월 매출 약 170만 엔(1회성 과금 매출 포함)으로 출발.		

	년	월	겐론의 변천	친구의 모임(기수)	회원수
겐론1기(창업기)		12	후쿠시마 제1원전, 제2원전 취재.	4	
		12	12월 24~28일, '후쿠시마로 가는 문을 열다: 후쿠시마 제1원전 관광지화 계획전 2013'(『フクシマ』へ門を開く—福島第一原発観光地化計画展2013) 개최.		
	2014	2	2월 1일, 3회(4기) 친구의 모임 총회.		1793
		5	구로세 요헤이(카오스*라운지)를 전임강사로 맞아 '포스트 슈퍼플랫 예술 학교' 개설. 이 경험을 바탕으로 나중에 겐론스쿨 프로그램 구성.		
		7	7월 1일, 친구의 모임 5기 시작. 4기 종료 시 회원 수.	5	1884
		7	7월 5일~8월 9일, 지진과 정보 유통의 관계를 생각해보는 '미나미소마에 일본 제일의 탑이 있었다(南相馬に日本一の塔があった)' 전시 개최. 이 무렵 겐론카페를 전시회장으로 이용한다는 구상이 있었음.		
		11	제2회 체르노빌 투어 개최. 이때부터 아즈마 히로키도 동행.		
		12	12월 20일, 4회(5기) 친구의 모임 총회. 초밥 부스가 생겨서 큰 호평을 받음.		1743
	2015	1	실무 담당자 퇴사. 아즈마, 우에다, 도쿠히사 등 세 명이 영수증을 입력하는 나날의 시작.		
		1	사진가 오야마 겐(大山顕)+아즈마 히로키 『쇼핑몰에서 생각하다(ショッピングモールから考える)』 전자책 간행. 이때는 종이책을 펴낼 힘이 없었지만, 편집 경험을 나중에 살림.		
		4	겐론스쿨 시작 '카오스*라운지 신예술교' 개강. 2020년 가을 현재 '신예술교'로 명칭 변경해 6기 진행 중.		

	년	월	겐론의 변천	친구의 모임(기수)	회원수
겐론1기(창업기)	2015		이 무렵부터 경영 상태 호전.	5	
		5	비메오의 겐론카페 동영상 판매 개시. 해외에서도 구입·시청이 쉬워짐.		
		6	겐론스쿨 2탄 '사사키 아쓰시 비평 재생 학원' 개강. 4기까지 진행하고 2019년 4월에 종료.		
		6	종이 회보 『겐론 통신(ゲンロン通信)』 종간. 대신 월간 전자 회보 『겐론 관광통신(ゲンロン観光通信)』을 창간 (나중의 『겐론β(ゲンロンβ)』).		
		7	7월 1일, 친구의 모임 6기 개시. 5기 종료 시 회원 수.	6	1791
		9	카오스*라운지와 공동으로 '고탄다 아틀리에' 개설. 고탄다의 거점이 세 곳으로 늘어남.		
		10	제3회 체르노빌 투어 진행.		
		12	『겐론 1』 간행. 첫 특집은 '현대 일본의 비평'. 부수를 줄이고 편집 체제를 간소화해 비평의 원점 회귀 선언.		
		12	12월 26일, 5회(6기) 친구의 모임 총회. 카페와 아틀리에 두 곳을 송년회장으로 쓰는 대형 철야 송년회 형식 정착.		1751
겐론2기(도약기)	2016	3	타이 작가 프랍다 윤이 겐론카페에 게스트로 나옴. 이 무렵부터 해외 교류 증가. 기획과 통역을 맡은 후쿠토미 쇼는 2020년 여름에 직원이 됨.		
		4	『겐론 2』 간행.		
		4	한국 취재. 『겐론 3』의 주축이 됨.		
		4	겐론스쿨 3탄 '오모리 노조미 SF 창작 강좌' 개강. 2020년 가을 현재 5기 진행 중.		
		4	『겐론 관광통신』을 『겐론β』로 변경. 이때부터 (해마다		

지(知)의
관객
만들기

년	월	겐론의 변천	친구의 모임(기수)	회원수
2016		종이책으로 여러 권 발행하는) 『겐론』과 (전자책으로 다달이 발행하는) 『겐론 β』, 두 잡지 체제.	6	
	5	5월 26일~27일, 오키나와 나하에서 '겐론카페 출장판' 개최.		
	6	겐론 어린이 교실 최초로 바비큐 파티를 도쿄 오타구의 조난지마해변공원에서 개최. 큰 호평 받음.		
	7	『겐론 3』 간행.		
	8	8월 1일, 친구의 모임 7기 시작. 6기 종료 시 회원 수.	7	1993
	9	2박 3일 합숙형 워크숍 '도가(利賀) 세미나'를 도가 마을을 중심으로 활동하는 연극연출가 스즈키 다다시(鈴木忠志)와 그의 회사 SCOT의 전면적인 협력하에 개최. 이 무렵부터 미술계와 연극계의 큰 호평을 받음. 세미나 내용은 『겐론 5』의 주축이 됨.		
	10	제4회 체르노빌 투어 진행.		
	11	『겐론 4』 간행. 호평 받아 증쇄.		
	12	12월 17일, 6회(7기) 친구의 모임 총회. 두 곳만으로는 부족해서 사무실까지 포함해 세 곳에서 개최. 이 규모가 정착됨.		1995
2017	2	겐론카페에서 이시다 히데타카의 기호론 강의 시작. 2019년 3월에 단행본 『신기호론』으로 펴냄.		
	3	3월 25일, '아사다 아키라 선생의 환갑을 축하하는 모임' 개최. 저명인사들이 방문.		
	4	『겐론 0 관광객의 철학』 간행. 3만 부 가까이 팔려 경영 상황 개선. 그러나 이것이 나중에 위기를 부름.		
	4	겐론스쿨 4탄 '번뜩이는☆만화교실' 개강. 전임강사는 니시지마 다이스케와 사야와카. 2020년 가을 현재 사		

	년	월	겐론의 변천	친구의 모임(기수)	회원수
겐론2기(확립기)	2017	4	야와카가 단독 전임강사로서 4기 진행 중.	7	
		4	아사히신문출판에서 『다시 시작하는 비평(再起動する批評)』 간행. 하야카와쇼보에서 『SF 쓰는 법(SFの書き方)』 간행. 두 책 모두 겐론스쿨 활동의 기록. 스쿨의 시도가 주목받기 시작함.		
		5	겐론카페에 방송 제작진용 부스 설치. 조명 기자재를 바꾸고 스튜디오 기능 강화.		
		6	『겐론 5』 간행.		
		6	우에다 요코, 이사 취임.		
		6	6월 30일~7월 2일, 후쿠오카·오사카·교토에서 '겐론카페 출장판' 개최.		
		9	『겐론 6』 간행.		
		10	10월 1일, 친구의 모임 8기 시작. 7기 종료 시 회원 수.	8	2471
		11	겐론라이브(이후 시라스) 사내 개발 시작.		
		11	『관광객의 철학』이 마이니치출판문화상(71회) 수상. 11월 30일 시상식 뒤, 겐론카페에서 성대한 축하 모임 열림.		
		12	『겐론 7』 간행. 『겐론 6』에 이어 본격적인 해외 사상(러시아) 특집으로 학계에서 주목.		
		12	12월 23일, 7회(8기) 친구의 모임 총회.		2172
	2018	2	겐론카페 5주년. 기념 행사 개최. 급격한 사세 확장.		
		3	사무실이 좁아져 대표실을 따로 얻음. 네 곳을 빌림. 인테리어 디자인은 후지와라 뎃페이(藤原徹平). 아즈마와 우에다가 대표실로 옮긴 뒤 직원과 교류가 많이 줄어듦. 이것이 나중에 위기로 이어짐.		

	년	월	겐론의 변천	친구의 모임(기수)	회원수
겐론조기(확립기)	2018	5	SF 창작 강좌 최우수작 『가르시아 데 마로네스가 구제한 대지(ガルシア・デ・マローネスによって救済された大地)』를 전자책으로 출판. 이때부터 SF 창작 강좌 졸업생의 출판은 '겐론 SF문고'로 시리즈화되어 2020년 가을 현재 다섯 권을 간행.	8	
		5	『겐론 8』간행. 게임 특집이 악성 댓글 사태를 불러일으켜 직원이 대응하느라 바빴음.		
		6	제5회 체르노빌 투어 진행. 참가자 가쓰라 다이스케가 나중에 시라스에 참여.		
		6	겐론라이브 개발 중지.		
		8	인건비가 경영을 압박하기 시작. 사내에 불만이 생기기 시작.		
		9	'겐론총서' 창간. 1탄으로 고마쓰 리켄의 『신부흥론』을 간행.		
		10	10월 1일, 친구의 모임 9기 시작. 8기 종료 시 회원 수.	9	2754
		10	『겐론 9』간행. 퇴사를 희망하는 사람이 나오기 시작.		
		11	『신부흥론』이 오사라기지로논단상(18회)을 받음.		
		11	러시아 취재. 취재 중에도 직원으로부터 퇴사를 원하는 메일이 날아와 집중하지 못함.		
		11	『만화가가 된다!』간행. 판매 실적은 오르지 않음.		
		11	독립 만화 출판물 전시 판매회 COMITIA 26에서 '번뜩이는☆만화교실' 출장 수업. 그 뒤에도 이 강의에서 동인지 제작을 수업에 도입함.		
		12	아즈마의 정신 상태가 급속히 악화. 12월 18일, 아즈마가 트위터에서 겐론 해산 선언. 우에다 요코가 아즈마를 설득해 21일 자로 아즈마가 대표직 사임하고 같은 날 우에다가 취임.		

년	월	겐론의 변천	친구의 모임(기수)	회원수
겐론3기(활장기)	12	12월 23일, 8회(9기) 친구의 모임 총회.	9	2486
2019	1	우에다 체제하에 사내 재편. 아즈마가 자택에 틀어박혀 있는 동안 떠날 직원은 떠나고 남을 직원은 남아서 어느새 정예 집단이 됨.		
	3	둥베이 취재. 『겐론 10』에 실린 아즈마의 논문 「악의 어리석음에 대하여(悪の愚かさについて)」의 핵심이 됨. 드디어 아즈마가 사무실에서 원고를 쓸 수 있게 됨.		
	3	이시다 히데타카+아즈마 히로키, 『신기호론』 간행. 호평을 받아 곧 증쇄.		
	6	아즈마 히로키, 『테마파크화하는 지구(テーマパーク化する地球)』 간행.		
	6	도쿠히사 노리야스, 이사 취임. 우에다&도쿠히사 체제에서 급속히 실적 회복. 사내 분위기도 크게 개선.		
	6	가쓰라 다이스케, 쓰다 다이스케와 합동회사 시라스 설립. 개발 재개.		
	8	'아이치 트리엔날레 2010' 소동. 아즈마가 이 예술제의 고문직 사임. 쓰다는 시라스를 떠나게 됨.		
	8	후이육과 이시다 히데타카를 초청해 겐론카페에서 영어로만 진행되는 행사를 처음 개최.		
	9	『겐론 10』 간행. 대폭 개정. 아트 디렉터는 가와나 준(川名潤).		
	10	10월 1일, 친구의 모임 10기 시작. 9기 종료 시 회원수.	10	3069
	10	체르노빌·리투아니아 취재. 『겐론 11』에 실린 아즈마 논문의 핵심이 됨.		
	12	12월 21일, 9회(10기) 친구의 모임 총회.		2720

	년	월	겐론의 변천	친구의 모임(기수)	회원수
겐론3기(훅장기)	2020	2	프랍다 윤, 『새로운 눈의 여행(新しい目の旅立ち)』 간행.	10	
		2	COVID-19의 유행으로 2월 25일을 끝으로 겐론카페의 모든 행사에서 관객을 받지 않고 영상 스트리밍만 함. 스쿨도 당분간 수업 중지.		
		3	코로나 대책 캠페인 상품 발매. 예상을 뛰어넘는 지원을 받아 감격.		
		3	오야마 겐, 『신사진론(新写真論)』 간행.		
		4	4월 6일, 창업 10주년. 원래 기념 파티를 열려고 했으나 긴급사태 선언 발령 전날이라 불가능해짐. 그 대신 방송을 함.		
		4	포털 사이트 '겐론α' 개설. 방송과 출판의 융합을 꾀함.		
		4	아즈마 히로키, 『신대화편(新対話篇)』과 『철학의 태도(哲学の誤配)』 동시 간행. 겐론 10주년의 중점 사업이 될 예정이었으나 감염증 대책으로 많은 서점이 휴업하는 비극과 마주함.		
		7	합동회사 카오스에서 괴롭힘 사건 발생. 합동회사 카오스와 계약 해지. 구로세 요헤이가 전임강사 자리에서 퇴임. 신예술교는 집단 지도 체제로 바뀜.		
		8	겐론카페의 로고와 인테리어 교체.		
		9	겐론, 고탄다 아틀리에의 단독 운영 시작.		
		9	『겐론 11』 간행.		
		10	10월 1일, 친구의 모임 11기 시작. 10기 종료 시 회원수. 친구의 모임 로고 개정.	11	3749
		10	10월 19일 시라스 개설. 겐론 완전 중계 채널이 '니코니코생방송판'과 '시라스판', 두 개가 됨.		

인터뷰

지비원 『동물화하는 포스트모던』 한국어판이 출판되었을 때부터 선생님의 저서를 읽어 왔습니다. 그래서 전문 연구자는 아닙니다만 선생님과 '겐론'이라는 회사의 활동에 관심을 가지고 『지의 관객 만들기』를 읽기 시작했습니다.

겐론이 겪은 경영상의 어려움은 정말 놀라움의 연속이었습니다. 그런 환경에서도 선생님은 『관광객의 철학』, 『정정 가능성의 철학』 같은 훌륭한 철학서를 내놓으셨지요. 저는 이것이 겐론을 경영하며 겪은 일과 무관하지 않다고 생각합니다. 겐론 경영 자체가 '철학의 실천'이라고 한 부분이 무척 인상적인데, 그렇게 생각하는 이유는 무엇인가요?

아즈마 제가 『관광객의 철학』 『정정 가능성의 철학』 두 책에서 호소하는 바는 한마디로 말하면 철학과 인문학이 더 자유로워야만 한다―아니, 자유로울 수밖에 없다는 점입니다. 철학과 인문학은 무릇 '오배송(誤配, 자신의 메시지가 다른 사람에게 잘못 전달되는 것, 몰라도 좋았을 것을 어쩌다 알게 되는 것)' 없이는 유지할 수 없습니다.

그러나 현재의 철학이나 인문지(人文知)는 한편으로는 '정치적 올바름'의 감각에 따라, 다른 한편으로는 학문적인 엄밀성의 감각에 따라 한 치의 실수도 허용하지 않으면서 매우 좁은 독자 속에 갇혀 버렸습니다. 그 탓에 생활인과 생생하게 교류하는 일이 없어지고 발전이 멈춰 있습니다.

이는 본래 철학이나 인문지의 모습이 아닙니다. 저는 대학을 떠나 겐론을 경영하면서 나만의 매체와 공간을 가짐으로써 철학과 인문학의 자유로운 모습을 회복하려고 시도해 왔습니다. 따라서 겐론의 경영이 철학의 실천이라고 할 수 있습니다.

지비원   선생님처럼 한국에도 출판 경영을 시도하는 연구자나 소설가, 평론가 들이 있습니다. 하지만 길을 잘 찾지 못하고 결국 경영 문제 등으로 회사를 접기도 합니다. 자기 철학을 실천하는 한 방편으로서 회사를 운영한다고 하면, 철학과 실천의 양립을 위해 잊지 말아야 할 점은 무엇일까요?

아즈마　'철학과 실천의 양립'이라는 표현은 양자가 대립함을 전제합니다. 정말 그럴까요? 좋은 책을 써도 팔리지 않는다. 사람들은 그렇게 말합니다. 그러나 아무리 좋은 책을 써도 독자에게 닿지 못하고 잊힌다면 의미가 없을 겁니다. 세상을 바꾸려면 일정 규모의 독자를 확보하고 그들이 계속 이야기를 들을 환경을 만들 필요가 있습니다. 이는 결국 책이 어느 정도 팔려야 한다는 뜻입니다.

　물론 철학자가 100만 명을 움직일 필요는 없습니다. 그러나 겨우 100명에게만 다가가는 언어로 만족해서도 안 됩니다. 적절한 규모의 독자 공동체를 만들고 유지하는 것이 철학의 영위에 매우 본질적으로 중요하다고 생각합니다. 따라서 철학과 경영의 실천은 하나라고 생각합니다.

지비원　선생님의 집필 자세와 겐론에서의 활동 사이의 연관성에 대해 질문하고 싶습니다. 『관광객의 철학』과 『정정 가능성의 철학』을 읽으면서 저 같은 평범한 독자가 이러한 철학서를 읽을 수 있다는 것이 신기했습니다. 읽기 쉬웠고, 이해할 수 있는 책이었기 때문입니다. 여태껏 학문적으로 아주 중요하게 다루어지지 않았던 관광객의 위치나 태도에 주목하고, 기존 철학에서 '정정'의 가능성을 끄집어냈다는 측면에서 누구도 하지 않았던 새로운 이야기임을 저도 실감할 수 있었습니다. 저와 같은 일반 독자를 위한 선생님의 노력을 존경합니다. 겐론에서의 활동이 선생님의 문체에 영향을 주었을까요?

아즈마 대학 교수는 학생을 지도하고 동료와 함께 연구하는 직업입니다. 여러 고충이 있겠지만 주변에는 기본적으로 자신과 같은 관심사를 갖고, 비슷한 언어로 말하는 사람들만 있습니다.

하지만 회사를 차리고 경영을 하게 되면 그렇게 할 수 없어요. 대출을 받으려면 은행과 상담해야 하고, 이벤트를 중계하려면 기술 스태프와 이야기해야 합니다. 문제가 생기면 변호사와 논의해야 하고요. 그들이 반드시 제 책을 읽은 사람이라고 할 수는 없습니다. 정치적인 입장도 다를 수 있겠지요. 하지만 그들과 대화하지 않고 비즈니스를 할 수 없습니다. 그런 경험을 거듭 쌓는 가운데 어느새 제 언어가 크게 바뀌었습니다. 그래서일까요? 이 질문처럼 제가 열린 인상을 준다고 생각합니다.

지비원 미디어가 유튜브와 같은 동영상 중심으로 재편되는 것은 시대의 흐름인지도 모르겠습니다. 오프라인에서 토크쇼에 참여하고 이를 다시 동영상으로 보고 다시 그 내용이 담긴 책을 구매하는 선순환을 일으키는 시민 강좌 '겐론스쿨',

동영상 공유 플랫폼 '시라스'를 주목해서 봤습니다. 어떻게 하면 오프라인, 동영상, 활자 매체가 서로 긍정적인 영향을 끼칠 수 있다고 생각하시는지 궁금합니다.

아즈마 제가 업계의 관찰자가 아니라 지금도 현장에서 고투하며 실천하고 있는 사람이므로 겐론과 시라스의 활동을 지켜봐 주시는 게 가장 좋을 것 같습니다.

지비원 다양한 창작자가 광고에 의존하지 않고 유료 콘텐츠를 스트리밍하는 플랫폼 '시라스'를 설립한 이야기도 흥미로웠습니다. 시라스는 설립 초기부터 대규모화를 추구하지 않고 오히려 '반스케일'을 추구했다지요. 작은 회사를 유지하는 것이야말로 진정한 의미에서 반자본주의적, 반체제적, 대안적이라고 한 시라스의 설립 철학이 어떻게 운영에 영향을 주고 있나요? 시라스에 어떤 분들이 창작자, 관객으로 참여하고 있는지, 최근 상황을 이야기해 주시면 좋겠습니다.

아즈마 회사란 이념이 먼저 있고 이를 실천하는 순서로 만들어지는 것이 아닙니다. 실제로는 현장에서 다양한 일이 일어나고 그 문제를 해결하는 가운데 생겨나는 잠정적인 아이디어가 나중에 돌아봤더니 이념으로서 재발견되는 경우가 많지요. 『정정 가능성의 철학』에서 했던 말로 하자면 '소행적(遡行的) 정정'입니다. 그러므로 이념이 운영에 영향을 미치는 것이 아닙니다. 오히려 운영이 이념에 영향을 미치지요.

두 번째 질문에 대해서는 다음과 같은 예를 들어 보겠습니다. 제가 이 답변을 쓰는 지금은 2025년 4월 2일인데, 10일 전쯤인 3월 22일에 '겐론 총회'가 열렸습니다. 겐론과 시라스(이 두 곳은 거의 일체로 경영되고 있습니다)가 일 년에 한 번 서포터들을 위해 여는 이벤트입니다. 저명인사를 초청한 토크쇼만 열리지 않고 서포터가 참가하는 작은 즉석 판매 모임도 열립니다. 철학이나 문학 동인지뿐만 아니라 전자 공작품이나 음악 CD, 손뜨개 작품, 쿠키 등도 팝니다. 어린이를 위한 아트 교실도 열립니다.

지금의 제 독자, 그리고 시라스의 시청자는 이런 사람들입니다. 그들이 반드시 철학이나 문학 독자인 것은 아닙니다. 하지만 겐론과 시라스를 응원하지요. 지금의 제 활동은 지방에 거주하며 다양한 직업을 가진 사람들에 의해 뒷받침되고 있습니다. 여성도 많습니다. 이 책에 썼듯이 지금 겐론 대표는 여성인 우에다 요코 씨입니다. 그 점도 큰 영향을 미치고 있다고 생각합니다.

지비원   현재는 특정 문화 콘텐츠나 인물에 대한 팬덤fandom이 형성되고, 그 팬덤을 기반으로 한 팬덤경제가 중요한 시대입니다. 팬덤은 선생님의 언어로 말하자면 '관객(긴장 관계에 있으면서도 줄곧 지켜봐 주는 사람)'이 아닌 '신자(信者)'겠지요. 겐론이 팬도, 후원자도, 신자도 아닌 '관객'을 늘리는 것에 주목하는 이유는 무엇인가요?

아즈마   저는 팬덤을 부정하지 않습니다. 단, 새로운 참가자에게 늘 열려 있어야만 한다고 생각합니다. 저는 '신자'라는 말로 폐쇄적이고 배타적인 공동체를 만드는 팬을 지칭했습니다. '관객'은 그러한 신자보다 '약한' 연결을 만드는 팬을 의미합니다. 누군가에게 또는 어떤 것에 관심이 있습니다. 같은 관심사를 지닌 사람과도 모입니다. 하지만 대상에 대해 모든 것을 알고 있다고 주장하지는 않습니다. 나와 다른 의견이나 관점을 지닌 사람이 나타나더라도 결코 배제하지 않습니다. 오히려 환영하지요. 이것이 제가 생각하는 '관객'의 바람직한 모습입니다. 그러한 팬이 많아지면서 처음으로 팬 공동체가 외부에 열리게 됩니다.

    질문 2의 답변에서 이야기했듯이 저는 열린 공동체를 만들고 유지하는 것이야말로 철학의 영위에서 본질적이라고 생각합니다. 그리고 실제로 지금 겐론의 서포터는 그런 공동체로 계속 변화하고 있습니다.

지비원   선생님은 '오배송'이 바로 혁신이나 창조의 원천이라고 생각한다고 하셨습니다. 겐론카페의 설립이나 시라스

등 예기치 못한 계기로 시작되거나 좋은 결실을 맺은 사업의 예를 보며 오배송이 겐론에 큰 영향을 끼쳤음을 알 수 있었습니다.

예견 가능하다면 그것은 이미 '오배송'이 아닐지도 모르겠습니다만, 『지의 관객 만들기』 한국어판 출판과 더불어 한국 독자에게 일어나기를 기대하는 '오배송' 같은 것이 있으신가요?

아즈마 제 책은 10권 넘게 한국어로 번역됐습니다. 하지만 제 이미지가 한국에 정확히 전달되고 있다고 느껴지지는 않습니다. 이 인터뷰 답변에서 알 수 있듯이 저는 한국에 소개되고 있는 일본의 동세대 철학자나 사회학자와 상당히 다른 존재입니다. 일본에서도 그들의 독자와 제 독자가 반드시 겹치지는 않습니다. 『지의 관객 만들기』가 한국에 출판됨으로써 오해가 바로잡히기를 기대합니다.

그러나 역설적이게도 오해를 바로잡는다는 것은 오히려 '오배송'의 시작이기도 합니다. 사람은 무언가를 올바로 이해했을 때에야 비로소 생산적인 오류를 범할 수 있기 때문입니다.

한국에 몇 번 간 적이 있는데, 늘 일본과의 유사성과 차이가 혼재되어 있음에 놀랍니다. 한국은 일본과 매우 비슷하지만 한편으로 흥미로운 다른 점이 있는 나라이기도 합니다. 그러므로 이 책도 제 예상과는 전혀 다른 형태로 읽힐지 모릅니다.『지의 관객 만들기』가 한국의 독자에게 어떻게 읽히고 어떤 반응을 얻을지 지금부터 기대하겠습니다.

추천사

　　아무런 기대와 예상 없이 무언가를 읽기 시작하는 일은 쉽지 않다. 책의 저자가 『관광객의 철학』, 『존재론적, 우편적』 등을 쓴 아즈마 히로키라는 사전 지식이 있다면 더욱 그러하겠다. '지의 관객 만들기'라는 제목을 보면서 한 철학자가 경영하는 회사의 기업 윤리 같은 것이 담겨 있지 않을까 생각했는데 전혀 그렇지 않았다. 이 책은 "자금이 다 떨어졌다든가 직원이 도망갔다든가 하는, 평범하기 그지없는 어수선함"을 이야기하며, 그 어수선함 속에서 우리는 새로운 형태의 지식 생산과 유통을 시도할 때 직면하게 되는 몇 가지 문제를 보게 된다.

　　첫째, 겐론은 아즈마 히로키가 지인들과 함께 만든

회사다. 겐론을 '인문학 지식을 생산하고 유통하는 회사'라고 정의한다면, 방점은 '인문학 지식'이 아니라 '회사'에 있다. 그래서인지 이 책에는 무엇보다도 '돈'이라는 단어가 많이 등장하고, 돈 때문에 발생하는 문제와 갈등이 날것으로 드러나 있다. 겐론의 구성원들이 오로지 돈 때문에 이 일을 하지는 않았겠으나, 이윤이 발생하지 않으면 그 어떤 곳도 유지될 수 없고 그 누구도 버틸 수 없다. 그리고 이윤을 내려는 시도는 애초의 목표를 흐리는 일로 이어지기가 쉽고, 응원하는 이들에게서 오해를 사기도 쉽다.(나는 "드디어 본색을 드러내셨군요"라는 말도 들어 보았다.) 돈을 따지자니 핵심을 놓치게 되고, 돈을 따지지 않자니 존립 자체가 어려워지는 문제를 겐론에서 찾아볼 수 있다.

      둘째, '지의 관객 만들기'라는 제목에서 알 수 있듯, 겐론은 지식을 바라보는 사람을, 지식을 구매하고 습득하는 사람을 만들고자 한다. 그러니 방송도 하고, 여행도 하고, 출판도 했을 것이다. 하지만 그 본질상 관객은 배우와 거리를 두고 앉아 있을 수밖에 없다. 겐론에서도, 전기가오리에서도, 지식을 생산하는 사람과 지식을 구매하는 사람 사이의 거리는 그리 쉽게 좁혀지지 않는다. 물론 모든 관객이 생산자가 될 필요는 없겠지만 이 관객의 수준을 어떻게 해야 끌어올릴 수 있느냐는 물음에는 뚜렷한 해답이 떠오르지 않는다. 관객의 수를 유지하고 늘리는 데 정기 결제 회원제가 유일한 방도인지 역시 해답이 잘 나오지 않는 문제다.

셋째, 이런 프로젝트는 소수의 인원으로 시작하는 것이 보통이고 그 점이 해당 프로젝트의 고유성을 보증한다. 그런데 언제까지 그렇게 할 수 있고, 또 그렇게 해야 할까? 겐론은 아즈마 히로키를 포함한 세 사람으로 시작했으나 결국 아즈마 히로키가 대표직에서 물러나게 된다. 그가 대표직에서 물러난 이후에도 겐론이 문제없이 운영된다는 점은 새로운 프로젝트가 창립자 개인에게 의존하지 않는 바람직한 실례를 보여 준다. 하지만 겐론의 좌충우돌 역사를 글로 정리하는 사람은 현 대표가 아니라 결국 아즈마 히로키일 수밖에 없다. 개인의 고유성이 회사의 방향성을 만들지만 회사가 회사로 성립하려면 언젠가 그 개인이 빠져야 한다는 점은 다루기 쉽지 않은 문제다.

이 책은 현생을 위로하고 비루한 삶을 응원하는 자기계발서와는 거리가 멀다. 그렇지만 나는 이 책을 읽으면서 위로를 받았다. '나만 멍청한 것이 아니었어', '나에게만 그런 한계가 있는 것은 아니구나' 같은 반응을 연이어 하면서 전기가오리*를 운영해온 지난 10년의 시행착오가 스쳐 지나갔다. 좋은 해답이 나오려면 문제가 좋아야 한다. 겐론이 10년간 겪은 문제들이 과장 없이 솔직하게 구술된 이 책을 읽는 것은 한국 인문학계에 대한 새로운 그림을 그리려는 독자에게 도움이 될 것이다.

신우승(전기가오리 대표)

- 전기가오리(philo-electro-ray.org)는 후원자를 대상으로 운영되는 1인 출판사다. 2013년 트위터 공부 모임에서 시작해 2016년 출판사를 설립, 현재까지 운영되고 있다. 명료한 한국어로 논문을 번역하고 그에 대한 해설을 출판하며, 온라인 방송 등을 통해 철학 지식을 전달하기도 한다. 서양 철학을 전공하는 대학원생을 대상으로 장학 사업도 진행 중이다. —편집자

지知의 관객 만들기
―어느 철학자의 경영 분투기

초판 1쇄 발행 2025년 4월 30일

지은이 아즈마 히로키
옮긴이 지비원
교정자 김정민
디자이너 여상우

펴낸이 박숙희
펴낸곳 메멘토
신고 2012년 2월 8일 제25100-2012-32호
주소 서울시 은평구 연서로26길 9-3(대조동) 301호
전화 070-8256-1543 팩스 | 0505-330-1543
전자우편 memento@mementopub.kr

ISBN 979-11-92099-42-2 (03100)

- 이 책 내용 및 이미지를 이용하려면 반드시 저작권자와 메멘토의 사전 동의를 받아야 합니다.
- 파본은 구입하신 서점에서 바꿔 드립니다.
- 책값은 뒤표지에 있습니다.